JN439349

일상의 자유를 그리며

vol 6

정경수 수필집

교음사

들어가면서

일상의 자유가 그립다

작년 초두에 시작된 코로나19가 벌써 16개월째 계속되고 있다. 4차의 대유행이 시작된다고 하니, 이 역질의 끝이 어디가 될지 가늠하기가 어려워졌다. 세계 대유행의 선언 이후 이 바이러스의 창궐이 끊이지 않다가, 엊그제 4월 22일 자로 인도에서 하루에 31만 4,835명의 확진자가 나와 1일 최고를 경신했다고 한다. 그런가 하면 이스라엘에서는 국민의 62%가 백신을 접종하여 집단 면역에 이르러 일상의 기쁨을 만끽한다고 한다. 그런데 우리는 같은 시간에 3.57%에 불과한 접종으로 국민들의 불안이 더욱 가중되고 일상의 자유가 더욱 옥죄어 오는 느낌이다. K방역을 자랑하더니 부끄러운 일이다.

다섯 명 이상은 함께 식사도 못하게 하고, 많은 모임과 만남이 제약을 받으니 예사롭게 지냈던 일상의 자유가 얼마나 그리운지 모르겠다. 이런 시기에 여섯 번째의 수필집을 엮게 되니 호사스런 느낌이 든다.

1부에는 이런 나의 심정을 「일상의 자유가 그립다」로 정하고 코로나와 관련한 몇 가지 단상을 넣어 묶었다. 코로나바이러스에 대한 글은 계속 적어갈 생각이다. 보이지 않는 억압이 또 다른 글감이 되기 때문이다. 앞으로는 고통을 겪는 모든 사람들의 아픔을 더욱 깊이 살펴야겠다.

2부에서는 그래도 「봄의 기미」는 우리의 일상을 찾아오고 있어 희망으로 삼아야겠다. 강화도 통일전망대에서는 작금의 남북 관계에 많은 아픔을 느꼈다. 망운산은 내 향수의 근원이다. 남해의 많은 현안들이 순조롭게 해결되기를 바란다.

3부는 「수필과 삶의 정신」으로 나의 등단 전후와 부끄러운 나의 문학 행적과 나의 문학 공간을 넣었다. 박하 박원호 박사께서 물어온 나의 단상을 이 책에 올리니 10여 년 전의 이모저모가 생각난다.

4부는 여행과 답사를 통한 체험과 오래전의 무전여행 경험을 넣었다. 작품 사이에 유사한 내용은 원고청탁에 따라 쓴 것들이라 다소 중복된 것도 있어 독자들의 양해를 구한다. 작년부터 일체의 여행을 접고 보니 일상의 나들이가 더욱 짙은 향수처럼 느껴진다. 국내 여행도 못하고 있으니 좀이 쑤신다.

5부는 「인연」으로 만나는 사람들의 이야기를 몇 편 모았다. 병중에도 꿋꿋하게 기도로써 좋은 글을 쓰시는 이해인 수녀님의 이야기를 실어 기꺼운 마음이다. 요산 김정한 선생님과 고산 윤선도 선생님에 대한 문학탐방을 넣었다. 늘 나를 이끌어주던 흰샘, 현봉 선생님의 안식을 빈다.

마지막으로 지난 2월 돌아가신 어머니를 추모하는 글을 서둘러 실었다. 그동안 고생을 한 막내 여동생과 아내의 기도, 우리 일곱 형제 내외와 열네 명의 손자들에게도 감사하는 마음을 담았다, 재의 수요일 날 아버지의 유해를 어머니 빈소에 모시고 사순 기간 성삼일과 부활주일을 아우르는 50일간의 연미사로 부모님의 영생을 빌어 무엇보다 감사하게 느낀다. 부족한 글들이라 부끄럽지만, 여러분의 질정을 바라며 세상에 내어놓는다.

산문집을 알뜰하게 엮어주신 월간 수필문학사 강병욱 발행인과 직원 여러분께 감사의 인사를 드린다.

2021. 4. 정관(鼎冠) 운강 사랑(雲江舍廊)에서.

| 정경수 수필집 | 일상의 자유를 그리며 |

1. 일상의 자유가 그립다

2. 봄의 기미

3. 수필과 삶의 정신

4. 소중한 체험

5. 인연

일상의 자유가 그립다

마스크 단상

오늘 지인에게 책을 보내려고 우체국에 갔다. 내 앞 번호 고객이 직원과 언쟁을 하고 있다. 듬직한 남편과 아내인 듯 젊은 아낙이 서울이나 객지에 자녀를 유학시키고 있는 가족 같다. 직원이 우체국에 비치된 가장 작은 박스를 들고 묻는다.

"여기에 무엇이 들었습니까?"

부인이,

"마스크이에요."

"몇 개 들었습니까?"

"열다섯 개 예."

"안 됩니다."

"뉴스를 보고 왔는데 왜 안 되지요?"

"그래요. 되지만, 여덟 개까지만 됩니다."

"그러면 빼고 다시 포장해 보내면 안 되나요?"

"받는 사람이 누굽니까?"

"아들이에요."

"그러면 8개라도 주민등록 등본과 보내는 분의 주민등록증을 가져와야 합니다."

"정말 안 되는군요…."

그 부인은 아쉬운 듯 마지막으로 말을 중얼거리듯이 건넨다.

내가 직원에게 넌지시 물었다.

"그러면 말 안 하고 다른 짐과 섞어 보내면 되겠네요."

"안 됩니다. 적발되면 벌금을 물어야 합니다."

'작년까지만 해도 약방에 가면 가지가지 색깔과 디자인으로 수많은 종류의 마스크를 마음대로 살 수 있었는데 참 세상 별일 다 생기는군' 하고 혼자 생각했다.

엊그제 그러니 지난 화요일, 교구청에서 전례회의가 있다는 연락을 받고 정말 오랜만에 시내에 나간다는 생각에 정신이 팔려, 급히 나오느라고 마스크를 가지고 오지 않았다. 이것도 한참 차를 몰고 터널을 빠져나오고 나서야 알았다. 이미 집을 나온 시간도 많이 지났고 돌아가기는 시간이 늦었다, 교구청 가까운 남천동에 가면 약방에 가서 사지 했는데, 얼마 전 약방의 마스크 자리가 비어 있는 것을 본 것을 생각하니 여긴들 팔겠는가 싶으니 난감하기 짝이 없었다. 교구청에 닿아 평협 사무실에 가서 잘 아는 여직원에게 다짜고짜 마스크 한 장을 부탁하니 비치한 것이 없단다. 그럴 수밖에. 그러면 잘 아는 오 신부께 가볼까 하고 2층 전산홍보국 문을 여니 여섯 명 신부님이 구수회의를 하다가 의아한 눈으로 나를 쳐다본다. 반갑게 인사하는 오 신부님께 염치 불고하고 마스크 여분이 없느냐 부탁을 하니 없다면서 직원들에게 물어본다. 다행히 최 양이 두 개가 든 새 봉투를 찢고 한 개를 웃으면서 내어준다.

“내 곧 보내줄게.”

“아니 괜찮아 예.”

“집 주소를 좀 넣어 줘.”

그리고 고맙다는 인사를 남기고, 마스크를 한 채 4층 회의장에 참여할 수 있었다. 전에는 감기가 들어 마스크를 했더라도 모임에는 마스크를 넣고 천연스레 앉아 있었는데, 오늘 회의에 참여한 아홉 분의 신부님은 모두 마스크로 무장을 하고 있다.

그동안 한 달여 모든 성당의 미사를 접었는데 4월 부활절이 가까이 다가오면서 모든 전례를 어떻게 조정할 것인가 하는 중대한 회의였다. 이러한 회의에 마스크를 그것도 오직 하나인 평신도가 마스크를 하지 않고 떡 버티고 앉아 있다면 과연 어떻게 볼 것인가. 마스크가 이렇게 소중한 물건이 된 적이 있었던가, 생각하니 쓴웃음이 나왔다.

코로나19의 위력이 얼마나 큰지 놀라울 일이다. 오늘 보니 미국이 2조 달러의 긴급 재원을 풀어 이러한 사태의 긴급한 처방을 내렸다는 뉴스가 났다. 2조 원이 아니고 2조 달러 우리 돈으로 2600조 원. 우리나라 1년 예산의 5배가 넘는 거액이다. ‘역시 미국은 통 큰 나라구나.’ 국민들의 모든 모임이나 기업현장 생산현장의 일상적인 일들을 막아놓으니 숨통을 틀어 주어야 하는 것이다. 어떤 전쟁에 이토록 강력한 처방을 내렸던 적이 있었던가?

보이지 않는 보잘것없는 바이러스 수천 종이 있지만 그동안 몇 차례의 어려움도 인간이 잘 극복해 온 놈이 이놈들인데, 이것을 잡을 방법이 없는 신종 바이러스 이른바 신종 코로나이어서 인간들이 벌벌 떨고 있는 것이다. 보이지도 않고 어떤 감각으로도 파악할 수 없는, 그러나 27도 이상의 열에는 맥을 못 추고 사라진다는 이 보잘것없는 바이러스가, 큰소리 텅텅 치는 인간을 파멸시킬 수 있구나. 하는 생각에 소름이 끼쳤다.

'야, 마스크가 이렇게 심각하구나.'라고 생각하면서 아직도 박스에 마스크가 열 장 정도 남아 있는 것을 생각하면서 고소를 머금었었다. 벌써 한 달 전에 노인정을 통해 가구당 15장의 마스크 한 통을 받아두었다. 매스컴에서 처음에는 한 번만 쓸 수 있다고 홍보를 하였으나, 한 개로 겨울을 나는 예전 습성대로 쓴 것을 모아 소독을 하고 다시 쓰고 있다. 그래선지 아직도 새것이 많이 남아 있다.

서울에 있는 아들에게 자기들의 마스크를 보내려는 부모들의 마음이야 오죽하랴. 나도 며칠 전에 서울 있는 딸네에게 반찬과 함께 마스크를 아무 말 없이 잘 보내었는데, 마스크 대란을 겪으면서 엄격하게 통제를 하는 모양이다. 우체국 직원은 그래도 미련이 남아 있는 부부에게 검은색 표구의 장부를 내보이며 일일이 기록을 한다는 것이라고 설명을 한다.

나는 좀 일찍 딸에게 보낸 것이 다행이다 싶다. 오늘 낭패를 당한 이 부부도 기장에 살 터이니, 15장 받은 것이 남아 있었을 터이고, 두 장의 마스크를 얻기 위해 두세 시간은 예사로 줄을 서 있는 영상을 보고 남은 마스크를 챙겨 아들에게 보내려는 것이었으리라.

나는 늦었지만 차례가 되어 책을 부쳤다. 사실 책 속에는 지난번에 최 양에게서 빌린 한 장의 마스크를 갚기 위해 새것을 책 속에 넣었다. 이것도 법에 어긋나는 것인지는 모르지만 감사하는 마음으로야 이자를 붙여 두 장쯤 보내주어야겠다고 생각했지만 나도 남은 것 아껴 써야 할 것이라 아쉬움을 씹었다.

무엇이나 한번 들고 일어나면 얼마 뒤 고개를 숙이는 것이 모든 사물의 이치인데 이놈의 코로나19는 애타는 인간의 마음에는 아무 관심이 없으니 내가 조심할 수밖에 없을 것 같다.

(2020. 3. 27.)

홍매화 노래 부르다

홍매 봉오리가 곧 터질 것 같습니다.
눈이 아침에 홍매 가지에 내렸는데 금세 녹았습니다.
봄은 이미 나의 뜨락에 와 있군요. -시골에서

지인에게서 시골 자기 뜰에 핀 홍매화 사진과 함께 이 글을 카카오톡으로 보내왔다.

짙은 겨울 하늘의 청잣빛을 배경으로 굵은 원가지에서 솟구쳐 나온 새 가지에 연한 연둣빛을 품은 듯, 사춘기 소녀의 탱글탱글한 유두처럼 순이 여물어 터질 듯이 웃고 있다. 입춘도 이미 일주일이 지난 날이라 만물이 소생하는 시기이지만, 여전히 추위는 옷깃을 여미게 하는데 어찌 계절의 기미를 알아차리는지 겨울의 무거운 짐을 떨치고 기지개를 켜고 곧 벙글 채비를 하고 있는 것이다.

사실 작년 가을의 남은 잎들을 겨울 찬바람에 떨굴 때부터 꽃봉오리들은 서서히 가는 가을을 아쉬워하면서 안으로 제 몸을 신열로 키워 왔으니 이에 더하여 솟구치는 지열의 큰 메시지에 저도 어쩔 수 없이 쉼 없는 준비를 부산히 해 왔나 보다.

지금이야 난방이 예전 같지 않고 옷 또한 추위에 견디기엔 족한 때라 겨울도 그리 맹위를 떨치지는 못하지만, 긴 시간 움츠렸던 시간들을 벗어나는 이 매화의 당찬 노래에 나는 기쁜 환호와 노래를 내지르는 것이다.

나도 덩달아 홍매를 노래하여 그에게 한 편의 시를 보낸다.

추위를 마다하고 사랑으로 솟은 열정
사무치는 그리움에 붉은 볼도 어여쁘고
차디찬 겨울 뜨락에 어디서 온 여인인고

손잡자 내어밀면 차마 떨치지 못하고
다소곳이 내미는 손 타는 정이 전해오고
떨리는 가슴 쓸어보고 그대 눈을 바라본다

–「홍매(紅梅)」 전문

내 조그만 서재, 앉은 자리 등 뒤 다섯 평 테라스에도 한 그루 청매화가 역시 부산히 화촉을 밝히려고 겨우내 서서히 준비를 하더니 지금은 가지가지 수많은 꽃봉오리들이 곧 터질 듯하다.

홍매화의 서신에 덧붙여 지은 시 홍매가 노래로 탄생했다. 나의 제3 시조집에 실어 여러 곳에 나누어 주었더니, 요즈음 작곡에 심취해 있는 함 목사가 근사하게 작곡을 해 보냈다.

재작년 가을 줄기가 너무 자라서 전정(剪定)을 해주었더니 작년에는 곁가지들이 번어 서로 엉킬 만큼 빽빽하게 자리를 잡았다. 그 많은 가지마다 촘촘히 박힌 꽃봉오리들이 하루하루 부풀어 오르는

♪창작 가곡 | **정경수**

홍매(紅梅)

것을 보는 그 기다림의 시간이 드디어 꽃머리 하얀 속살을 드러내고 곧 벙글 것 같아 눈만 뜨면 가까이서 지켜보고 있었다.

그럴 즈음 이 사진과 글을 받으니 나의 감흥 또한 예사롭지가 않았다.

곧 내 뜰의 매화 사진을 찍고 나의 그리움을 적어 보냈다.

봉곳한 가슴으로 부풀어 오른 청매화
물오른 연둣빛 가지 생명으로 일렁이고
연분홍 꽃 그림자가 추위를 밀어낸다

아침은 이렇게 잉태하는 아픔인데
더불어 가슴을 열고 숨죽이는 고요로움
떨리는 개화의 순간은 아픔 이는 그리움이다.

–「청매(靑梅)」 전문

순간적인 에스프리를 적어 보내니 한결 마음이 따뜻해 온다. 그의 따스한 입김이 두 편의 시조를 낳았다.

마침 한 포기 코스모스를 비바람에 꺾일까 걱정이 되어 지주를 세우고 잘 가꾸었더니 굵은 꽃대에 많은 가지가 뻗어 맑고 고운 태깔의 꽃을 수없이 피웠다. 파란 가을 하늘을 배경으로 바람에 한들거리는 모습이 그리움의 손짓 같다

그 일부를 하늘을 배경으로 넣어 이 글과 함께 그와 가을을 함께 나누고자 한다. 코스모스 시편이 또 하나 탄생하려나?

물 뿌리고 쓸어라

—길동인 가을 나들이

설악산 단풍이 절정이라 시끄러운데, 길동인 11명은 가까운 성주 현풍 일원의 도동(道東)서원과 회연(檜蓮)서원을 찾았다. 아직 단풍이 들지 않은 수목도 있지만 늙은 느티나무는 이미 떨어진 단풍이 갈색낙엽으로 변해 있다. 같은 나무라도 그 환경에 따라 일찍 지고 늦게 단풍이 들고 하는 것이 사람과 다르지 않다.

도동서원은 서원 밖 제법 너른 공터의 400여 년 된 느티나무가 가관이었다. 나지막한 둥치에 늘어진 가지가 제 무게에 못 이겨 땅에 닿아 받쳐 두었는데도 무성한 잎이 이제 단풍이 들려고 한다. 내가 사는 정관에 당산목이 몇 그루 있는데, 그 노거수의 연륜과 비교해보니 5, 6백 년은 훨씬 더 된 것 같다. 역사를 가늠하는 이 나무로 하여 서원에 들기 전에 벌써 호감이 간다.

도동서원은 대원군의 서원철폐 때 살아남은 47개 서원 중 하나로 사액서원이어서 비교적 잘 보존이 되어 있었다. 본채로 오르는 돌계단이나 난간의 구조물들이 옛것을 그대로 간직하고 있어 고풍스럽다.

경사가 있는 곳 이어서일까, 절 건물처럼 가파른 돌계단이 상당히 높다. 대청마루 앞에 세워둔 관솔촉대도 아래에서 보니 제물을 설치하는 상석 같은 느낌이거나 대청에 앉은 유생들에게 들려주는 강론 대처럼 보여 특이한 인상을 준다. 보통 앞마당에 만들어 둔 것이 보통인데 대가 높으니 위에 설치한 것 같다. 정오를 지난가을 양광이 눈부시고 따스한데 서원의 유래를 소개하는 독재 선생은 햇살을 통째로 받은 채 해박한 지식을 부드럽게 뱉어낸다.

한훤당(寒暄堂) 김굉필(金宏弼)!(1454-1504)

'소학동자'라 불리었다는 한훤당의 실천 의지는, 목재 선생부터 감동을 잔뜩 품은 열변으로 입가에 침이 튀긴다. 점필재 김종직(1431-1492)의 제자인 한훤당을 점필재 연구 박사인 목재 선생이 강(講)을 하니 한훤당이 살아 있는 듯 그 일거수일투족을 오늘인 듯 실감나게 느낀다. '물 뿌리고 쓸고 응대하라.' 이른바 소쇄응대(掃刷應對) 이것이 그분 한훤당 선생의 생활 철학의 바탕이다. 기초를, 기본을 중요시하는 자세, 가장 쉽고도 가벼운 일의 실천 이것이 그의 삶의 지표였고 교육의 바탕이었다 한다. 그렇다. 모든 게 기본에서 시작하는 법. 기초가 가장 중요함을 알지만 하찮은 일로 소홀히 하는 경우가 얼마나 많은가.

일찍이 냇가나 웅덩이 방파제 등에서 혼자서 익힌 수영 실력으로 퇴임을 앞두고 정규 수영장의 지도를 받으면서 처녀 강사에게 혼이 난 적이 있었다. 수영을 쪼끔 한답시고 보판을 들고 발차기하는 것을 소홀하게 한다든지, 좀 앞서 헤어나가고 하니 별꼴이라 여겼는지 단단히 제지를 하는 것이었다. 얼마나 부끄러운지, 그런데 시간이 지나도 잘못 익힌 손이나 발의 자세가 잘 고쳐지지 않고 늘지를 않는 것이었다. 이 생각을 하니 과연 기본이 얼마나 중요한지 새삼 느끼게 되었다. 서예도 그렇다. 학급환경을 조성하거나 급훈 교훈을 쓰고 졸업장 상장 등을 쓰기도 했는데 퇴임 후 서예학원에서 배우는 글씨는 이와는 달랐다. 그 버릇이 잘 고쳐지지 않아 붓을 쓰는 기본을 배우는 데 애를 먹고 있다.

오늘날은 이런 기본들을 하찮게 생각하고 아이들에게 기본교육을 시키는 것이 소홀하다. 변소 청소를 나쁜 짓 한 아이에게 시키니 '아 청소라는 것은 나쁜 행실을 하는 놈이나 하는 것이구나.' 하는 생각을 하기 마련이다. 이제 청소는 아예 아이들에게는 시키지 않지만. 특히 대학에는 더욱 그러하다, 지도를 받지 못하고 올라온 덩치 큰 어른이 된 대학생들의 강의실은 그야말로 쑥밭이다. 마구 버리고 더럽혀도 눈 하나 깜짝하지 않는다. 결국 형이하학적 물 뿌리고 쓰는 일을 제대로 못 하니 형이상학적 사고와 생각이 역시 그러하다. 몸가짐 하나도 바로 그것이 정신에서 나온다는 것. 한훤당 김굉필 선생은 소학의 이 말씀을 교육의 가장 중요한 지표로 삼았던 것이다.

늦은 점심시간에도 모두 귀를 기울이고 배고픔을 잊었다.

점심 식사는 바로 이웃의 현풍 박소선원조할매곰탕집에서 마치고 가까운 회연서원(檜蓮書院)으로 옮겼다.

삼문에 태극이 선명하게 그려진 대문 격인 견도루(見道樓) 앞에 차를 대니, 정장을 한 한강(寒岡) 정구(鄭逑) 선생의 종손이 우리를 정중하게 맞는다. 넓은 뜰을 건너 강당 격인 깨끗한 대청에 올라 모두 꿇어 수인사를 나누었다. 사람이 처음 만나 해야 될 가장 기본 됨을 실천하는 것이다. 자리를 함께한 학교 교장으로 퇴임한 문화해설사가 자세하게 내력을 이야기했지만 역시 목재 선생이 정구 선생에 대한 해박한 지식을 풀어 주었다.

한강 정구(1543-1620) 선생은 남명 조식과 퇴계 이황의 학문을 이어받아 두 학맥을 이어주는 역할을 하였다. 그 계보를 보니 바로 한훤당 선생의 외증손으로 역시 그의 학문을 이어받았으니 그 사람 됨을 보는 듯하다. 과거시험을 보러 갔다가 명종의 외척인 윤형원의 세도를 보고 그냥 내려왔다거나, 여러 관직에 임명되었으나 부임하지 않은 것은 그의 스승 남명을 닮은 듯하다. 강당에는 옥설헌(玉雪軒), 망운암(望雲巖), 불괴침(不愧寢)이라 쓴 현판이 걸려 있는데 '더러움을 씻어내면서 멀리 구름을 바라보는 청신한 정신으로 부끄럽지 않은 하루를 간직하겠다.'는 선생의 고결하고 강직한 성품을 표징한다 하겠다. 또 뜰에 매화 100그루를 심고 백매헌(白梅軒)이라 하였다 하는 것으로 그의 성품이 넉넉히 짐작이 된다. 지금도 뜰에 매화나무가 많은데 물론 그 당시의 것은 두어 그루 있다 하지만 그 뒤를 이어 선조의 뜻을 실천하는 후손들의 정신도 결코 선조에 못지않음을 느끼겠다.

본채를 돌아드니 이른바 무흘구곡의 1곡을 낀 내가 서원을 둘러 흐르는데, 옆으로 높은 절벽이 막아서고 물이 가득한 강이 발아래 펼쳐진다. 여기서부터 수 킬로에 걸쳐 9곡까지 가게 되는데, 주자께서 노래한 무이구곡의 실체를 보는 듯 반갑기는 하지만 오늘은 시간이 늦어 돌아설 수밖에 없다. 매화가 필 내년 2, 3월쯤

때를 맞추어 한번 다녀갈 생각을 품었다.

서쪽에는 기념관을 세워두었는데 문인록인 회영금문록, 무흘구곡 제1곡(회영서원 뒤)을 비롯한 342명의 제자들 명단과 간단한 내력이 적힌 책인데, 그 명단을 적은 명패가 순서대로 정리된 명판이 이색적이었다.

오늘 우리 일행은 두 분의 훌륭한 어른을 뵙고 간다는 충만함에 피로한 줄도 몰랐다.

(2017. 10. 23.)

공중변소 이야기

"독일 도심에 공중변소가 있겠어요, 없겠어요?"

모두 침묵을 지키자, 왜 대답이 없느냐고 채근이더니,

"공중변소가 우리나라처럼 어디에나 없습니다. 고속도로의 휴게소에 화장실이 있지만 0.7유로의 사용료를 받습니다. 한 방울이라도 꼭 짜서 보십시오."

홍영선 가이드의 이 말에 39명의 여행객은 모두 실소를 터뜨렸다.

연전에 중국여행에서도 화장실을 갖춘 곳에서 사용료를 받는 데가 있었던 기억이 문득 나면서 '참 악착같은 발상'이라는 생각이 들었다. 베를린에 가기 전 휴게소에서 아내는 화장실 가기를 권했지만, 식당에 가서 보겠다고 가지 않았다. 아내는 갔다 오더니 'ARAL Wertbon € 0.50'에 날짜와 시간 분초까지 찍힌 자그마한 영수증을 보여주었다. 이것은 이 휴게소에서 0.5유로의 가치로 물건을 사는 데 보탤 수 있다고 한다. 나는 이 말에 더욱 독일의 철저한 상술에 놀랐다. 참 다랍다는 생각이 들었다. 350ml짜리 작은 생수가 1.79유로이니 여기를 떠나면 휴지조각이 될 영수증을 쓰기 위해 1.29유로를 더 쓰게 하는 것이다. 물건을 팔기 위해 별 수작을 다한다는 생각이 들면서 독일에 대한 나의 기대와 선망이 무너지는 듯이 아팠다. 아닌 게 아니라 여행객들은 이것을 사용하기 위해 무엇이든지 사려고 안달이다.

그러나 나의 이러한 생각이 베를린으로 가는 차중에서 홍 가이드의 한마디에 눈 녹듯이 사라졌다.

화장실에서 주는 이 영수증의 의미는 이러하다.

'독일은 변소 사용료까지 영수증을 발부하도록 철저하게 제도화되어 있다. 화장실 입구의 이 자동판매 기계는 그 상징이다. 만약 탈세를 하게 되면 쪽박 찬다는 생각을 해야 한다. 탈세를 살인보다 더 나쁜 죄목으로 본다. 살인은 우발적이거나 우연히 생길 수도 있지만 탈세는 철저한 계획과 계산 하에 이루어지기 때문이다. 탈세를 하게 되면 그 몇 배의 과태료를 무는 것은 물론이고 국민으로서의 권리를 주장하지 못하니 결국 쪽박을 차게 된다.'는 요지이다.

나는 속으로 손뼉을 치며 체증이 내려가는 듯 흐뭇함을 느꼈다. '그렇구나! 역시 독일인다운 생각이야 화장실 입구의 근사한 자동기계와 출입 장치부터 깨끗하기 이를 데 없는 화장실의 출입문들이 얼마나 세련되고 편리해 보였던가!'

나는 문득 불법을 저지르고 영어의 생활을 하거나 포승줄을 감추고 포토라인에 서 있던 뭇 재벌들과 고급관료들의 얼굴이 문득 떠올랐다. 우리의 부패지수가 40 몇 위가 되고 선진국이라는 나라들의 맨 끝에 붙는 것이 불만이었고 잘못된 통계일 것이라고 나름대로 판단했는데, 이것 하나만으로 나의 생각이 바뀌었다.

부패할 대로 부패한 시절이야, 식민지와 동족상잔으로 너무나 피폐해진 나라 형편 때문이었다고 치부하면 되지만, 많은 정부가 정의와 공정과 청렴을 내세우면서도 그 근본을 세우지 못해 이 지경이 되었다는 생각이 뇌리에 꽂히는 것이었다.

우리는 흔히 축복받은 삼천리금수강산이라고 자랑하지만, 독일을 횡단하여 폴란드에 이르기까지 산이라고는 볼 수 없었던 대평원의 독일이 더 축복받은 나라라는 생각을 떨칠 수 없었다. 거기다가 정직하게 살 수 있도록, 그런 마음으로 살지 않으면 안 되도록 장치를 마련하고 실천하는 독일의 문화에 머리를 숙이지 않을 수 없었다.

(2016. 1. 6.)

친구에 대한 소고

『소학』에 친구에 대한 이야기가 나온다.

> '益者三友요 損者三友니 友直하며 友諒하며 友多聞이면 益矣요 /
> 友便辟 友善柔하며 友便佞이면 損矣니라.'
> 유익한 세 벗은 정직하고 성실하고 견문이 넓은 사람이며,
> 해로운 세 벗은 아첨 잘하고 불성실하고 말뿐인 사람이다.

『논어』 계씨편의 공자님 가르침을 『소학』을 엮으면서 명륜편에 실었던 내용이다. 성인을 위한 경구이겠지만 젊은이들을 위한 경구도 될 것이다. 점필재 김종직 선생의 문하인 김굉필 선생은 이 소학의 말씀들을 깊이 새겨 '소쇄응대' 함을 기본으로 삼고 몸소 실천함으로써 '소학동자'라는 별명을 얻기도 하였고, 고산 윤선도 선생께서도 이 소학을 실천의 도로써 깊이 흠모했다고도 하니, 인륜의 기초가 중요함을 알겠다. 나는 요즈음도 이 경구를 되새기며 때때로 벗을 대할 때에도 염두에 두고 생각하고 실천하려고 한다.

친구라면 어릴 적 친구, 학교 적 친구, 학문적 친구, 사회적 친

구, 직장의 친구, 일의 친구 등이 있을 것이다.

어릴 적 친구라면 동무라고 하는 것이 제격일 것 같다. 북한에서는 사상적 정치적 의미의 동지라는 의미로 쓰이면서 남한에서는 동무를 쓰는 것이 조심스러워졌다. '친구 따라 강남 간다.'는 속담은 본래 '동무 따라 강남 간다.'였다.

학교 적 친구는 초중고 대학의 학교별로 그 명칭이 다른 느낌을 가진다.

초등학교는 동무라 하는 것이 좋겠다.

"동무 동무 씨동무 보리가 나도록 씨동무."

우리말이 가지는 순수한 느낌이 순진한 어린 시절의 이미지와 통하기 때문이다. 놀이에 매료되는 어린 시절의 놀이동무 소꿉동무쯤으로 생각된다. 놀이기구나 장난감이 없던 시절 온몸으로 부대끼면서 형제 이상의 끈끈한 정을 느끼던 시절의 추억이 떠오르는 이름이다.

중등학교는 벗이라고 하면 어떨까 싶다. 생명력이 넘치고 사춘기적 동료의식이 커져 부모로부터 벗어나서 자기의 수족처럼 가까워지는 시기이기 때문이다. 이때는 부모님 말보다 친구 말을 더 따르는 시기이므로 교우관계가 중요한 시기라 여겨진다. 졸업 후에도 동문끼리 모임을 가지곤 한다. 한 교실에서 같은 스승의 가르침을 받았고 한 교가를 부르면서 응원하면서 선수들의 힘을 북돋우던 열정이 넘치던 시기였기에 사회적 위치를 모두 접고 걸쭉한 욕지거리도 받아들이면서 젊은 시절을 반추하는 즐거움을 누리기도 한다.

대학은 같은 학문을 연찬하는 시기이니 붕우라 함이 어떨까? 이때는 학문을 하는 시기라 불원천리 좋은 스승을 찾아 괴나리봇짐을 메었던 과거가 생각나는 시기다. 공자께서도 '有朋自遠方來 不亦樂乎'(먼 곳에서 벗이 찾아오니 어찌 즐겁지 않으랴)라 하셨으니 학문을 위해 모이는 학생들은 한 스승을 모시는 붕우가 되는 것이다. '朋'이라는 자의 의미가 이를 내포하고 있다고 본다. 즉 '보배조개껍데기를 끈에 꿰어 놓은 것을 본뜬 것'인데, 뒤에 벗이란 뜻으로 쓰인 것이다. 값진 보배조개로 묶어둔 것이 끈끈한 친구의 모습으로 비쳐서일까?

사회에서나 직장에서 만나 친구가 된 경우는 벗이란 말 대신에 동료, 뜻을 같이할 이념적 앎이라면 동지라고 부르는 것이 마땅할 것 같다. 북한에서는 자기 또래나 아래를 동무라 하고 지위에 따라 동지라 부르니 자칫하면 구설수에 오를 수도 있겠다. 동지란 말 그대로 뜻을 같이하는 사람이니, 독립운동을 위해 투쟁하던 시절에는 동지라고 부르는 것이 제격일 것 같다.

그러나 한솥밥을 먹는 직장인이라면 동료라 하는 것이 자연스럽다. 여기서 좀더 친숙하여 허물없이 서로를 대할 수 있다면 친구나 벗이라 해도 무방할 것이다.

친구에 대해서는 역시 우리말의 벗이나 동무가 더 친근감이 가고 쓰기에 무겁지 않다. 성경에서도 예수를 따르던 열두 제자들에게 '너희를 친구라고 부르겠다.'고 선언하고 제자들을 전도의 무거운 길에 파견을 한다. 그야말로 너희를 믿고 이 일을 맡기니 용기

있게 신념을 가지고 임하라는 당부의 메시지인 것 같다. 제자들은 친구인 예수를 위해 아니 진리를 증언하기 위해 죽음도 달게 받으면서 기쁘게 세상으로 나아간다. 친구라 하니 단순히 오랫동안 가까이 사귀는 사이가 아니라 그 속에는 신뢰와 믿음이 있는 말로 느껴진다. 이것을 순수한 우리말로 벗, 동무라 하니 더욱 정감이 간다.

친구 벗에 대한 많은 사람들의 금언이 있지만 “친구에게 충실한 사람은 자기 자신에게도 충실하다.”고 한 에라스무스의 정의가 마음에 든다. 여기에 “두 사람의 신체에 사는 하나의 영혼이다.”라고 한 아리스토텔레스의 정의를 생각하면 친구의 깊이를 다시 점검하지 않을 수 없다. 이는 “친구란 또 하나의 나이다. 제2 친구란 두 번째의 자아이다.”라고 한 키케로의 말과 통한다. “사람이 친구를 위하여 자기 목숨을 버리면 이에서 더 큰 사랑이 없느니라.”고 한 예수의 말씀에 들어가면 생명과 같은 친구로 상승한다. 이러한 친구를 가진다는 것은 삶의 큰 행복이다. 그러므로 ”친구가 없는 사람은 불행하다.”고 한 드라이든의 말은 공감이 간다. 적어도 나를 위해 목숨을 바칠 친구 한 명을 말하는 것이다.

지진의 공포와 전율

19층 최상층인 우리 집에서는 바깥출입을 위해 매일 엘리베이터를 타야 한다. 대체로 혼자서 내려가므로 안에서 조금만 움직여도 흔들린다. 그래도 별생각 없이 내려 휑하니 갈 곳을 간다. 그런데 이 흔들림이 지난번 일어났던 경주지역 규모 5.8의 지진 이후에는 완전히 생각이 달라졌다. 흔들리고 가만히 덜컹거려도 갑자기 지진이 온 것처럼 머리끝이 쭈뼛해졌다. 그 흔들림이 지진의 진동과 비슷하기 때문이다. 곧 평정을 찾기는 하지만 한동안 이 느낌은 지울 수가 없었다.

지진이 나던 그날 위층 서재에서 원고 정리를 하고 있었다. 발바닥에 흔들린다는 미동이 느껴지더니 갑자기 연속적인 진동이 온다. 말아서 세워두었던 서예 족자가 넘어지고 물병의 물이 흔들린다. 책상이 흔들리고 온 집이 흔들린다. 채로 쌀을 까불듯이 온 가구와 벽이 흔들린다. 내 방이 이렇게 흔들리니, 19층의 아파트 건물 전체가 뿌리째 흔들릴 것이다. 무섭증이 더욱 심해진다. 아래층에 앉아 추석 음식 준비를 하던 아내도 비명을 지른다. 그것도 순간 작은 흔들림이 있고 잠잠하다. 대관절 이 거대한 건물을 쥐어 흔드는 지진이란 어떤 힘으로 작용하는가? 순간 고베의 쓰러진 고가도로와 후쿠시마의 무시무시한 쓰나미가 떠오르고 공포가 엄습했다.

내가 사는 집은 아파트 건물의 최상층이고 그 옥상에 지붕을 얹어 방을 만든 옥탑방, 이른바 펜트하우스다. 밖은 다섯 평 테라스가 있는, 그러니 그날 나는 20층 내 서재에서 이 지진을 만난 것이다. 순간 '20층의 이 큰 건물이 눈에 확연히 보이게 흔들린다면 중동이 산산이 부서져서 쌍둥이 무역타워처럼 폭파가 되거나 무너지지 않을까? 그러면 나는… ' 생각이 여기에 미치니 공포와 전율이 온몸을 훑고 지나간다. 혹시 무너질까, 조심스레 계단을 밟고 아래층으로 내려가니 아내도 토끼 눈을 하고 놀란 표정이 역력하다. 텔레비전 화면은 규모 5.1의 지진이 경주 부근에서 일어났다고 큰 글씨의 자막을 연신 흘리고 있다.

성당에서 수요일마다 정기적으로 하는 기도 모임을 추석 연휴라고 이틀 당겨 오늘 월요일 8시부터 한다. 시간이 가까워져서 성당으로 가면서 엘리베이터를 타고 내려갔다. 지진이 오면 계단을 이용하라는 말은 듣기는 했지만 전혀 생각 없이 이용했다. 그리고 지진의 공포는 순간 잊어버렸다. 8시 반쯤 한창 모임을 하는 중인데 예고도 없이, 정말 갑자기 4층 회합실 눈앞의 벽이 흔들린다. 달그락거리는 소리와 온 방이 흔들리는 순간 한 시간 전의 공포보다 더 큰 공포가 엄습했다. 열 명의 우리 단원들은 서로의 얼굴을 공포에 어린 눈으로 응시하는데, 나의 시선은 순간 벽을 향해 고정되었다. 눈앞의 기둥과 벽의 작은 틈새가 벌어지는 것 같은 착시를 느꼈다. 생전 겪어 보지 못한 흔들림, 아까 것보다 더 크고 긴 흔들림에 5층 건물은 쥐어짜듯 신음을 토하고 있었다.

이렇게 큰 지진은 만난 적이 없으니 지진에 대학 학습이 전혀 없는 우리는 놀란 눈으로 순간 공포의 시간을 맞았다. 휴대폰을 여니 긴급재난문자의 붉은 시그널이 자판에 떠 있다.

'[국민안전처] 09. 12. 19:44 경북 경주시 남남서쪽 9km 지역 규모 5.1 지진 발생. 여진 등 안전에 주의 바랍니다.' 보낸 시간을 보니 '9월 12일 오후 7시 53분'으로 되어 있다. 지진 발생 9분 후에 재난 문자가 들어온 것이다.

그 아래 또 다른 재난 문자가 들어와 있다.

'[국민안전처] 09.12. 20:33 경북 경주시 남남서쪽 11km 지역 규모 5.1 지진 발생. 여진 등 안전에 주의 바랍니다.'

안정을 찾고 우리의 기도는 계속되었다.

국민안전처의 두 번째 지진 규모도 5.1로 적혀 있는데 나의 착시 때문이었는지 알 수 없다. 두 번째 규모 5.8의 지진이 본진으로, 1978년 지진 관측 이후 가장 규모가 큰 지진이라고 하는데 말이다.

(2016. 9.)

일상의 자유가 그립다

우한(武漢) 코로나로 명명되던 '코로나19'의 발생 초기에 유럽에서는 동양 사람들만 보면 피하고 욕설을 했다. 신부님이 기획하여 수십 명을 이끌고 성지 순례를 간 여행객은 비싼 여행비를 내고도, 이스라엘 당국의 명령으로 공항에 붙잡혀(?) 있다가 결국 귀환 명령을 당했다. 이러한 예들은 손을 꼽을 수 없이 많았다. 그야말로 일찍이 들어 보지 못한 대혼란이었다. 적어도 청정(淸淨) 국가인 자기 나라에는 이 전염병을 들일 수 없다는 강한 의지의 표현이었다. 사스나 메르스 때도 아랍 여행을 자제하고 낙타를 타지 말라거나 하는 소극적인 대체로 별 무리 없이 지나갔다. 코로나19에 대한 유럽의 재빠른 대처에 우리 국민들도 이 전염병의 위험성을 비로소 심각하게 인지하게 되었다.

유럽 여러 나라는 중국에서 비롯된 이 우환 코로나가 인접 국가인 한국도 위험 지역으로 간주하고 수많은 우리 관광객들을 되돌려 보낸 것이다. 이런 위험한 시점에서도 우리 정부는 의료진의 심각한 반대에도 우환에서 오는 여행객을 받아들였다. 초두(初頭)에 이미 몽골, 베트남, 타이완 등 여러 나라들은 철저히 국경을 봉쇄하였다. 우환으로부터 귀국한 발병자들이 일으킨 신천지의 집단 발병으로 3월에는 결국 모든 공공의 모임에서나 외출 시에도 거리두기와 마스크 쓰기에 긴급 명령을 발동함으로써 '마스크 대란'이란 웃지 못할 해프닝을 자아내었다. 두 개의 마스크를 얻기 위해 자신의 주민등록증을 들고 남녀노소 가릴 것 없이 약방 앞에 골목골목 장사진을 이루고 늘어선 모습이 대구를 비롯해 전국 방방곡곡에서 실시간으로 방영되었다. 색색의 아름다운 디자인으로 약방을 장식하던 마스크 코너는 텅 비었고, 약사님들은 마스크를 사려는 시민의 개인 신상을 컴퓨터 입력하기에 여념이 없었다.

유행의 기미가 보이기 전에 놀랍게도 기장군에서는 각자 15개의 마스크를 나누어 준다는 소문이 나더니 속전속결 참한 마스크 뭉치가 집집마다 전달되었다. 대구 지방의 마스크 대란을 보면서 우리는 가슴을 쓸어내렸다. 기장군과 의회가 심기일전 이러한 창조적 일을 선제적으로 만들어 낸 것이다. 부산의 확진자 500여 명이 되는 현시점에서도 기장군에는 이렇다 할 확진자가 양산되지 않는 것은 이런 연유에서다.

마스크 대란을 본 부모들은 객지에 유학을 간 자녀들에게 이 마스크를 보내는 일이 많아졌다. 그러다가, '여섯 개만 보낼 수 있고, 가족관계를 밝히는 서류와 신분증을 가져와야 하며 연명부를 만들어야 한다.'는 우체국의 설명에 아연실색하는 부모들을 보기도 했다. 짐과 함께 부치면 벌금을 문다고도 했다.

그런데 동양인들을 코로나바이러스 균이라도 보듯 하던 유럽에, 발 없는 이 바이러스가 건너가더니 그 전파 속도가 놀랄 만하여, 그들이 사갈시(蛇蝎視) 하던 동양인에 대한 인식이 참으로 무색해졌다. 10월 16일 자 신문(부산)에 '유럽에서 코로나19가 걷잡을 수 없이 퍼지면서 확산세가 미국을 추월했다. 각국 정부는 전국적 전면 봉쇄에 따른 경제적 고통을 피하기 위해 (중략) 전면 봉쇄 촉구 움직임도 나오고 있다.'고 긴급 뉴스로 알렸다. 유럽 전역에서 최근 7일간 하루 평균 78,000명 이상 감염되어, 같은 기간 미국의 49,000명을 넘어섰다는 것이다. 또 프랑스에서는 밤 9시부터 아침 6시까지 통금시간을 가지며 재차 위반 시 약 200만 원의 벌금을 매긴다고 공표했다. 다른 이웃 나라들도 이와 궤(軌)를 같이하고 있는 것 같다. 전시 아닌 때에 전대미문의 통행 금지까지 내려지는 걸 보니 그 심각함이 가슴에 와 닿는다. 세계 전체 확진자가 10월 18일이면 4천만 명이 넘어설 것이며 사망자는 이미 110만 명을 넘어섰다.

지구촌이 하루 권내에 들어 있고 수많은 물자와 인력들이 오고 가는 시점에, 코로나19는 이제 전 인류의 초미의 관심사로, 공동 대처해 나가야 하는 전 인류적 문제가 되었다.

전시에도 지켜지던 어린이들의 학습권이 훼손되고, 생계를 이어 갈 직장의 운영이 마비되고 우리 일상의 자유가 여지없이 제약을 당하니 숨 막히는 고통이 우리를 억누른다. 즐기던 현장의 스포츠나 자유로운 여행이나 자그마한 개인적 만남까지 제약을 받으니 거기서 오는 스트레스에 머리가 지끈거린다.

물과 공기의 소중함을 일상에서 느끼지 못했듯이, 위기의 상황에서 우리의 일상, 자유로운 왕래 만남과 나눔이 새삼스레 소중함을 느끼는 요즈음이다. 바라건대, 어느 날 일시에, 코로나19가 겨울바람을 타고 흔적도 없이 사라져버리고 우리의 일상이 전과 같은 자유가 이어지기를 갈망해 본다.

(2020. 10. 17.)

풍력발전소 유감

내 고향 남해를 '보물섬'이라 불러주는 데에 그저 감사한다. 또 꽃밭이란 의미의 '화전(花田)'이라 불러주는 데에 자긍심을 가진다. 보물섬, 화전 두 지칭은 누가 봐도 아름답고 가치 있는 사물을 일컫는 뜻을 의미하기에 더욱 그러하다. 사실 맑은 산과 들을 포함한 자연환경이 사월이면 온 섬을 꽃밭처럼 아름답게 장식한다.

400여 년 전에도 자암(自菴) 김구(金絿) 선생은 「화전별곡(花田別曲)」에서 남해를 '한 점 선도(仙島)'라 하셨는데, 그때의 아름다움을 지금까지 잘 지켜왔다고 생각하니 우리 남해를 가꾸어 온 선조들이 또한 자랑스럽다.

2012년에는 가까운 하동과 삼천포에도 있는 화력발전소를 남해에도 세우는 문제를 주민들의 투표로 막았던 것을 회상하면, 남해를 보물섬으로 지키려는 의지를 읽을 수 있어 역시 남해 사람들이라고 박수를 쳤다. 공장이라고는 변변한 것이 없는 이곳에 8조6천억 원의 사업비가 드는 이 석탄발전소의 건설은 남해 경제에 큰 도움이 될 것으로 판단되었으나 결국 반대 51.1%로 부결되고 말았다.

지금 온 나라가 미세먼지의 소용돌이에 휩싸여 있는데 당시 화력발전소를 세웠으면 지금 남해의 공기가 어떠했을지를 생각하니 참으로 잘한 결정이라고 생각된다. 남해 정신이 대단하다, 보물섬을 지키려는 그 의지가 대단하다는 것이다. 물론 바깥에서 보면 지역이기주의라 할는지 모르겠지만….

최근엔 풍력발전 시설을 하겠다는 데에 그 찬반이 아주 격심하게 상충되고 있어 지난 석탄 화력발전소 건설에 이어 새로운 현안으로 시끌벅적한 소리가 이곳 부산에서도 최북단 기장 정관까지 울리고 있다.

이곳 기장군 정관읍은 조그만 언덕을 오르면 원자력발전소의 고로가 훤히 보이는 가까운 곳에 있어 사실 원자력에 대한 공포가 무척 클 줄을 알지만 그렇지 않다, 십여 년 전 자급자족의 정관신도시가 건설되자 정년 후 노후를 보낼 곳으로 이곳을 정하여 새집에 들어 살게 되었다. 등잔 밑이 어두운 것인가, 거의 원자력에 대한 무서운 생각을 하지 않는다. 전 도시의 43%가 넘는 자연녹지의 쾌적한 신도시에 즐거운 나날을 보내고 있다. 고리발전소 당국에서도 군민을 위해 안전에 대한 홍보와 주민들의 생활을 지원함으로써 상생의 길을 잘 이끌고 있다.

원자력을 호도하려는 뜻은 전혀 없다. 단지 일본 후쿠시마의 대지진 이후 발생한 원자력발전소의 문제로 그 피해가 엄청나고, 좁은 면적의 국토에 원자력발전소를 많이 가진 일본의 이웃인 우리나라 또한 많은 원자력발전소를 갖고 있으니 여기에 대한 경각심을 가지는 것은 당연하다. 이에 대한 대비를 철저히 하고 관리에 최선을 다해야 한다는 데에는 이견이 있을 수 없다.

그런데 일본 참상의 분위기에 편승하여 이 땅에서 원자력발전소를 영원히 추방하겠다는, 우리의 실정을 무시한 반대를 하고, 정권의 공약으로 이를 채택하여 문외한인 필자가 보기에도 원자력을 이 땅에서 추방하고자 하는 행태가 대체에너지의 무리한 도입을 위한 견강부회의 느낌을 떨쳐버릴 수가 없다. 원자력발전소의 거짓 통계와 태양광발전소의 무리한 설치는 이러한 느낌을 심각하게 드러내고 있다. 이런 문제의 논의는 다음 과제로 넘기고 풍력발전에 대한 남해군의 실정에 대해서 살펴보아야겠다,

대체에너지로서 태양광발전이나 풍력, 조력 발전 등에 대한 연구와 노력은 오래전부터 논의되어 오고 또 많은 연구와 노력을 쏟고 있다고 알고 있다.

중국 대륙의 우루무치 주변을 둘러보면서 수천 개의 풍력발전기가 사막이나 개간하기 어려운 황무지에 세워진 것을 보았고 스페인의 북쪽 지방인 산티아고 순례길을 걸으면서도 지역의 특성을 잘 이용하여 산의 능선에 엄청나게 큰 풍력발전기가 아주 많이 설치된 것을 보았다. 대체로 그것들은 주민들이 사는 곳에서 멀리 떨어져 소음과 생태파괴에 큰 영향이 없는 것이라 보고 부러워했는데 우리나라는 이러한 땅이 극히 제한되어 있다는 것이다.

우선 남해의 현상을 망운산 정상에서 살펴보면 동쪽으로는 남해읍의 취락 구조가 산기슭까지 올라오고 서쪽으로 보면 바로 눈 아래 노구 유포, 중리, 작장 마을이 보인다. 대형 풍력기가 능선을 따라 10여 기가 설치된다면 조용한 밤에는 그 소음이 삶에 큰 영향을 미치리라 본다.

전기는 기간산업으로 산업발전에 중요할 뿐 아니라 전기를 많이

쓰는 현대인들의 삶에도 매우 큰 영향을 미친다. 먼 곳에서 선을 끌어오는 것보다 가까운 곳에서 발전하여 쓰는 것이 여러모로 경제적일 것이다.

이러한 시점에 남해 망운산의 풍력발전소 건설은 초미의 과제가 되고 있다. 앞에서 언급한 원자력발전소의 폐쇄에 따른 대안책으로 이 풍력발전도 무리하게 시행하는 것이 아닌가 하고 우려가 된다. 망운산의 풍력발전소 건설은 작년 7월 조건부 허가가 났지만, 환경단체들은 적극 반대하고 있어 답보 상태에 있는데, 한편으로는 건설을 추진하는 단체들이 신문광고 등으로 군민들의 찬성을 재촉하고 있다.

망운산에 자리한 한 사찰의 주지 스님이 찬성의 변을 내놓자 환경 옹호자들이 그냥 지나가지 않고 저항이 크니, 이러지도 저러지도 못하고 결정은 자꾸 지체되는 것 같다. 가장 가까운 사찰의 주지 스님이 피해를 본다면 가장 많이 받을 것인데 이를 찬성함은 나름의 좋은 점이 있을 것으로 보기 때문일 것이다. 사실 망운산의 능선을 걸어보면 바람의 세기가 대단하다. 태양광발전을 빌미로 산야가 마구 황폐화되는 것과는 차원이 다른 것 같다.

화력발전을 주민의 힘으로 막아낸 자랑스런 군민들이 망운산의 풍력발전을 막는 것은 나름의 의미가 있다. 거기에는 그곳에 사는 동물들의 생태계를 파괴하고 발전기에서 나오는 소음이 상당하다는 것을 전제로 하고 있다. 그 대안으로 최소한의 소음으로 발전도 도모할 수 있는 시설 지점의 고려와 발전기 용량의 크기 등을 조율하여 기왕 허가가 난 상황을 군민과 업체가 상생하는 방법을 찾기를 희망한다.

흙에 대한 소견

Ⅰ.

'흙' 하고 되뇌이니 먼저 성경 말씀이 문득 떠오른다.

창세기 2장 7절에, "그때에 주 하느님께서 흙의 먼지로 사람을 빚으시고, 그 코에 생명의 숨을 불어넣으시니, 사람이 생명체가 되었다."라고 되어 있다. 인간 창조의 신앙적 표현이겠거니 하고 단순히 생각해왔는데, 사람이 죽어서 땅에 묻히고 세월이 지나고 보면 그 본래의 모습인 흙으로 돌아가는 데에 이 말씀이 어떤 실체로 다가왔다. 우리말에 사람이 죽으면 연장자일 경우에 '돌아가셨다'라고 말한다. 우리는 이 말에서 인간이 죽으면 과연 어디로 가는가 하는 궁금증이 풀린다. 결국 사람은 죽으면 태어난 본래의 곳으로 돌아간다는 의미가 내포되어 있다. 인간은 자기가 태어난 곳으로 간다는 말일 터이니 창조주께서 사람을 흙으로 빚어 만들었다는 말이 허투루 하는 말이 아닌 것으로 여겨진다. 하느님이 불어넣어 주신 숨은 하느님께로 돌아갈 것이고.

따지고 보면 우리의 생명을 유지하는 것도 땅에서 나온 것으로 이루어진다. 바다나 물에서 온 것을 제외한 땅에서 오지 않은 것이 없다. 곡물은 물론이거니와 초식동물들도 모두 흙에서 자란 풀을 먹고 자라고 육식동물들은 이런 초식동물을 먹이로 하니 모든 생명의 삶은 땅에 매어 있다고 할 것이다.

아직 과학적 지식이 모자라던 시대에, 눈앞에 전개되는 사물들에 대한 직관적 사유가 동양의 음양오행설을 만들어 낸 것이 아닌가 생각해 본다. 우주 만물의 형상을 음인 달과 양인 해로 나누고 화·수·목·금·토의 오행으로 나눈다. 이것으로 개인의 길흉화복을 점치고 나라의 흥망성쇠와도 관련지으며 이들의 조화를 통해 국가 안위를 추구해 오기도 했다. 100여 가지의 원소를 분류하는 현대적 해석으로써는 표피적 이해의 요소가 많이 깔려 있지만 인지가 고착된 시대에 있어서의 이 설은 절대적인 가치를 가졌으리라 생각된다.

염계나 정호, 정이, 주희에 이르러 성리학의 기반이 이 설에서 도출되었다는데 그 깊은 곳을 건드릴 겨를이 없다. 다시 흙으로 돌아가자.

가장 원시적 인간의 모습을 유추하면 인간의 생명을 지켜주는 이 흙의 가치는 그들에게 매우 큰 의미를 가졌을 것이다.

Ⅱ.

도심에서 한 뙈기 땅을 가진다는 것은 여간 어려운 일이 아니다. 수십 년을 아파트에서 살다보니 땅이 그리워서 정년을 앞두고서

근교에 수백 평 땅을 사서는 고생하는 것을 보았다. 자기의 본향인 흙을 만지고 싶어 좀이 쑤시지만 몇 년이 지나면 그 땅을 처분하지 못해 안달을 한다. 처음에는 과수를 심고 온갖 야채를 가꾸지만 수확철이 되면 이 생산물의 처분에 안 할 걱정을 하게 된다.

정년을 앞두고 시골에 집채를 마련하기 위해 고향을 찾았으나 나이 들수록 먼 거리의 운전이 어려워질 터인데 덜렁 집을 사 놓고는 건사하지 못할 것을 생각하니 떡심이 풀려 가져간 계약금을 그대로 가지고 온 적이 있었다.

다시 부산 근교에 집을 장만하려고 헤매다가 이곳 정관신도시로 오게 되었다. 사방이 산으로 둘러싸여 여름은 덥고 겨울은 추울 것이라고 엄포를 놓는 후배도 있었지만, 최상층·이층·복층에 다섯 평 테라스가 있는 이른바 펜트하우스가 당첨이 되어 '얼씨구나!' 하고, 28년을 살았던 낡은 아파트를 팔고 2009년 2월 20일 이사를 했다. 지붕 아랫방이라 거동이 다소 불편하기는 했지만 우선 버리지 못해 함께 실려 온 자질구레한 책들을 건사할 수 있으니 얼마나 좋은지 몰랐다. 20평 2층 방은 좁은 공간에 오랫동안 책 때문에 쌓였던 스트레스를 날리기에 충분했다. 그러나 그보다 내 눈을 번쩍 뜨게 한 것은 아담한 다섯 평의 테라스였다.

신나게 사들인 하나둘의 화분은 어느덧 수십 개에 이르고, 퇴비로 잘 섞은 부드러운 흙은 식물들을 놀랍도록 잘 키워 주었다. 이사 3년째 되는 해에는 73포기의 배추를 키워 쓸 만한 30포기로 김장을 담그기도 했다. 욕심이 생겨 대형화분을 사 넣고 매화, 키위, 포도, 모과, 석류, 앵두, 가시오가피와 줄장미 등을 심었다.

흙은 생명의 산실이다. 심지도 않은 온갖 풀씨들이 이 좁은 공간 20층 테라스에도 어김없이 찾아온다. 수백 평 수천 평 땅을 가꾸는 농부들이 '풀과의 전쟁'이라고 하는 말이 실감이 간다. 이른 봄 분갈이를 하고 시간이 지날수록 좁은 테라스는 녹색의 화원으로 바뀐다. 비록 좁은 화분 속이지만 흙은 싱싱하게 나무들을 키워주고 꽃을 피우게 한다. 내년 봄이 기다려진다.

일관성에 대하여

사람 됨됨이를 평가하는 잣대 중에 일관성이 중요하게 거론되기도 한다. 쉽게 말하면 '한결같은 신념'쯤으로 풀이된다. 친구를 사귀거나 사람을 대하거나 일의 처리에 있어서 일관성은 그 사람의 철학적 신념과 인품에서 비롯되기 때문에 일관성 있는 사람은 존경을 받는다. 이에 대척되는 것으로 '마음 내키는 대로'쯤 될까 싶다.

일관성은 그 사람이나 단체의 정체성과도 통한다. 60년대 교사교육을 받을 때, '학생들을 훈육할 때는 공정하고 일관성 있게 해야 한다.'고 누누이 가르침을 받았다. 거기에는 대상인 학생들에 대한 인권 존중의 의식이 깔려있고 동등한 대우를 한다는 선생님의 모습이 학생들에게 바르게 인식되어 신뢰를 얻게 되고 이것은 수업의 질을 높이는 주요한 기재가 된다는 교육적 의미가 숨어있다.

지금 돌이켜, '이러한 일관성으로 교육을 했냐?'는 물음에 왠지 부끄러움이 앞선다. 생각과 말을 행동으로 옮기는 것이 쉽지 않았다는 것을 뼈저리게 느끼면서 교사생활을 했으니까… 무려 40여 년을.

이산 김광섭 선생의 '일관성에 대하여'라는 짧은 에세이를 학생들에게 읽히고 가르친 적이 있었다. 세월이 흘러도 한결같이 그를 지배하고 이끌어 가는 중심사상, 통시적 시간 속에서 일이관지(一以貫之)하는 굳건한 의식과 정신이 그의 글에서 느껴져 감동을 받았다. 그분의 시 '성북동 비둘기'에서도 나타나듯이 그 시대의 아픔을 비둘기에 비겨 우리의 가슴을 울렸다. 시대에 대한 비판정신이 알레고리화 되어 쉽고 가슴 저리게 시대를 느꼈다.

우리 문인들은 모름지기 이처럼 삶의 올바른 가치대로 생각하고 실천하면서 나의 정체성을 굳건히 다지면서 언어 하나하나를 선택해야 할 것 같다.

법관이 일관성 없이 유사한 사안을 불공정하게 처리한다면 누가 우리의 법을 신뢰할 것인가. 또 그러한 법관을 신뢰할 것인가, 요즈음 그러한 행태가 자주 나타난다고 아우성이다.

올해 우리 협회의 살림살이도 이 일관성이 밖으로부터 무너지면서 상당한 고통을 감수해야 될 것 같아 걱정이다. 2013년 반연간지와 창립 25년사를 발간하면서 계간의 바탕을 다져 이듬해부터 대망의 『가톨릭문학』 계간지를 발간하여 올해 여섯 번째의 계간지 발간에 새로운 이정표를 만들었다. 새 회장단이 결성되면서 굳은 각오로 계간지 발간 준비에 임했으나, 해마다 해오던 당국의 지원이 전부 삭감되었기 때문에 큰 곤욕을 치르고 있다.

예상하지 못한 부모님의 일관성 없는 태도에 아이는 제대로 정상적인 인격 형성에 지장을 받는다. 나라의 정책도 그러하다.

그동안 130여 명 회원들의 발표 지면을 넓혀오고, 바깥으로부터는 유수의 작가 시인 분들을 초대하여 다양성을 갖춘 계간지로서의 면모를 일신해 가는 순풍에, 일관성이 깨어지는 역풍이 사납게 다가오고 있다. 발표지의 내용과 성격 등을 충실히 감안했는지 의구심이 생기면서 당국에 대한 신뢰심에 의문이 생기기 시작했다. 우리는 예상을 할 수 없었기에 더욱 어려움을 받아들이고 있다.

긴급 모임을 열고 계간을 쉬자는 이야기가 나왔지만 확실한 대안도 없이, 5년 동안 심혈을 기울여 온 노력을 헛되지 않게 일단은 발간하자는 의견을 모았다. 그 실행은 중지를 모아 해결해 나가야 할 것이다. 그리고 우리 130여 명 회원들이 힘을 모으면 이 난국도 잘 돌파하리라 본다.

고통을 넘어서

"인간이란 혼자 살 수 없다는 점을 깨우쳐 주었다."

소설 『페스트』에서 의사 리외는 이렇게 독백한다.

지난 4개월은 그야말로 잔인한 나날이었다. 봄바람이 불고 공기가 따스해지면 코로나는 물러갈 것으로 생각했으나 그것이 아니었다. 대구 신천지 31번 확진자에서 비롯된 집단 감염은 하루 900명의 확진자를 내면서 온 국민에게 바이러스의 공포를 폭발적으로 심어주고, 이에 능동적으로 대처하는 공감대를 형성해 주었다. 엇그제 확진자가 없는 날이 생겼다.

모든 학교가 문을 닫고 공중이 모이는 곳은 차단되었으며 만남과 나들이는 취소되었다. 모두가 환자처럼 마스크를 하고 다니고, 사람들끼리 가까이 접근하기를 꺼리는 전대미문의 생활이 거의 석 달 동안 지속되고 있는 것이다. 마스크를 안 하고 나가면 불안해지고, 곳곳에 비치해 놓은 소독액을 수시로 바른다. 하루에도 수십 번 손을 씻고 가는 곳마다 손목을 내밀고 체온을 체크한다. 그야말로 천지개벽이라도 되듯 국민들의 건강의식은 업그레이드되었다.

아마 이 사태가 지나고 나면 우리의 삶의 많은 부분이 바뀔 것 같은 생각이 든다.

작년 12월 1일 우한폐렴의 첫 발병 일을 시작으로, 올 1월 20일 중국 우환으로부터 입국한 중국인 여성의 첫 확진 판정 이후 만여 명이 확진을 받고 200여 명이 목숨을 잃었다. 글로 하여서 잃은 것은 참으로 많다. 수많은 사람들이 직장을 잃고, 음식점은 손님을 잃었으며, 도서관 극장 운동장은 즐기는 사람들의 방문을 잃었다. 버스는 손님을 잃고 비행기는 하염없이 공항에 된서리를 맞고 있다. 관광사와 호텔은 손님을 잃고 시장은 관광객을 잃었다. 어느 곳 한 곳도 멀쩡한 데가 없다. 전쟁 때도 문을 닫지 않았던 모든 학교가 적막강산이 되었다.

'그래 서로 오고 가야 되는구나. 인간이란 혼자 살 수가 없는 것이구나. 서로가 으르렁거리더라도 소통이 없고 왕래가 없다면 공멸하는 것이구나. 움직이고 서로 손을 잡아야 먹을 것이 나오고 제대로 숨을 쉴 수 있는 것이구나.' 나는 이런 생각을 하면서 두문불출 방콕 생활을 하고 있다.

수출은 내리막을 달리고 생산라인은 사줄 사람들을 잃으니 기름칠을 멈췄다.

뒤늦게 이탈리아로부터 창궐한 코로나는 동양인에게 멸시의 눈길을 보내던 선진국 유럽을 강타하고 급기야 미국 대륙을 지금 휩쓸고 있다. 4월 막바지에 이르러, 세계 212개국에 확진자가 300만 명이 넘고 20만 명 이상이 목숨을 잃었다. 문명을 구가하고 자랑하던 선진국들이 총칼도 아닌 원자탄도 아닌, 눈에 보이지 않는 세균보다 천 배나 작은 바이러스에 맥을 추지 못하고 있다. 자유롭고

개방적인 유럽 선진국들의 생활 습속이 서로 밀착되다 보니 그런 것이 아닌가 생각해 본다.

트럼프의 제동에 감연히 항거하던 뉴욕주지사는 쌍둥이 빌딩의 참사로 죽은 삼천여 명보다 수십 배나 되는 시민들을 병마로 내몰았다. 세계를 주무르는 이 미국이 의료진과 침상이 모자라고 마스크마저 제대로 조달을 못하고 있는 현실을 어떻게 볼 것인가? 하루 5000명이 죽어 나가는 참담한 현실 앞에 미국은 더 겸손해져야 할 것이 아닌가. 아니 지구라는 한 울타리에 사는 우리 모두가 그런 마음이 들어야 하는 것이 아닌가 싶다.

세계보건기구의 3월 11일, 세계적 대유행(펜데믹)을 선언한 날 이후 우리나라의 확진자 증가세는 꺾이는 반면 유럽과 미국은 폭발적으로 확진자가 늘어났다. 이 조치를 한 달만 먼저 내렸더라면 상황이 많이 달라졌을 것이다. 결국 중국의 사실 호도와 이를 감싸던 세계보건기구와의 늑장 실책으로 급속히 확산을 가져온 것이다.

우리만 잘 대처한다고 될 일이 아니다. 수출로 사는 나라가 사줄 상대를 잃으면 어찌되는가. 앞으로 한동안 이 위기의 쓴잔을 마시며 인내와 내핍을 해야 할 것이다.

이제 우리 지구인은 새로운 패러다임으로 전환해야 할 것 같다. 분쟁과 질시, 갈등과 불화를 잠재우고 무시무시한 전쟁 무기를 모두 쟁기로 바꾸어 굶주리고 헐벗고 고통받는 사람들이 함께 복락을 누리는 세계가 되어야겠다. 지금의 부를 조금만 나누어도 이것은 실현될 수 있기 때문이다.

차제에 우리 문학인들의 역할도 재고해 볼 필요가 있다. 자유가 본의 아니게 구속당하고 소통이 단절되고 만남이 잠겼을 때 우리는 얼마나 고통스러웠는가. 죽음의 병마와 싸우던 의료인들과 봉사자들의 그 땀방울처럼 우리도 그러해야 하지 않겠는가. 문학적 소재가 넘쳐나는 천재일우의 이 사태를 문학으로 승화시키는 치열한 자세를 가져야 할 것 같다.

방콕하면서 '인간이란 혼자 살 수 없다.'는 카뮈의 아픔을 혼자 곰곰이 생각해 본다.

봄의 기미(幾微)

봄의 기미(幾微)

대한(大寒)을 앞두고 일주일쯤 된 추위를 하더니, 대한 날 정관천을 낀 구목정(九木亭) 매화나무가 꽃망울 하나를 터뜨리며 날씨가 갑자기 풀렸다. 다음 날 저녁부터 가랑비가 언 땅을 녹이더니, 연사흘 제법 흐뭇한 비를 내려 마른 땅을 적시고 쌓였던 먼지를 씻어 내기도 했다. 우리집 테라스의 매화도 소한을 지나면서 눈에 띄게 꽃망울이 커져 봄의 기미를 알아챌 수 있었다.

'봄'이라는 글자는, '한국어의 기층 언어인 이집트 문자'를 통해 '초목이 오는 것' '초목이 싹트는 계절'로 재단하지만, 나는 '보다'라는 동사의 어간 '보'에 명사형 어미 '음 또는 ㅁ'이 붙어서 된 순수한 우리말이라고 생각해 본다. 봄이라는 글자는 오래전 석보상절에도 두시언해에도 그대로 '봄'으로 나타난다.

추운 겨울에도 나무는 자란다. 나이테를 보면 그 결이 촘촘하고 좁은 부분을 보면 알 수 있다. 만물은 한겨울에도 자라는 것이며 동토 속에서도 그러하다. 언 땅속에서도 씨앗은 새로운 세계를 보기 위해 용트림을 하고 나목의 새 눈들도 비록 움츠리고 있기는 하지만 새로운 세상을 맞이할 준비를 하고 있는 것이다.

한겨울 짓밟혔던 잔디도 그 아래 지열을 품고 새봄의 기미를 알아차리고 새순을 틔울 채비를 하고 있을 것이다.

오늘도 나는 여니 때처럼 정관천 보행길을 걷는다. 봄을 재촉하는 가랑비에 수목들은 메마른 가지마다 은구슬 같은 물방울을 달고 새 생명의 약동을 느낄 수 있다. 실로 자연은 한 치의 어긋남도 없이 계절의 질서에 순응하여 자신의 준비를 추호도 소홀함이 없이 시작하고 있다.

겨울을 이곳 천을 따라 지낸 청둥오리들도 날갯짓을 하며 깃을 다듬고 수만의 피리들도 얼었던 얼음을 헤치고 햇살이 가득한 물바닥에 미동도 않고 떼 지어 모여 있다. 이들도 이제 수온이 오르면 몸짓도 날쌔지고 식구도 불어날 것이다. 까치, 찌르레기를 비롯한 뭇새들도 아침이면 물가에 모여 깃을 씻고 부리를 적신다. 이들도 이제 봄의 그림자를 느끼고 부산한 삶의 질서에 동참하고 있다.

구목정장미원에도 어느새 작은 꽃봉오리가 보인다. 겨울 동안에 준비한 것인지도 모르겠다. 수만 그루의 장미가 일시에 피는 오월을 위하여 저 아래 뿌리로부터 지열을 끌어 올리고 부산한 개화를 준비하고 있다.

색색의 화사한 꽃을 피우는 연산홍은 빗물에 먼지들을 씻고 녹색의 잎을 준비하고 있다. 천변 언덕에 몇 년 전에 심은 500여 그루의 모과나무 가지마다 맺힌 은방울은 꽃처럼 화사하다. 그 사이사이 잎을 틔울 준비에 설레고 있다.

어지럽던 가지들을 산뜻하게 정리한 개나리들은 일시에 눈부시게 노오란 꽃을 어느 꽃보다 먼저 피울 것이다. 이보다 먼저 산수유는 매화꽃에 뒤질세라 노란 꽃망울을 터뜨리리라. 목련도 벌써부터 단단한 꽃봉오리들을 키워오고 있어 뒤질세라 하얀 꽃봉오리들을 펼칠 것이다. 그들이 가진 최고의 자랑거리를 펼쳐 보일 준비를 하고 있다.

지난 한 해는 연초부터 코로나19로 우리를 우울하게 하더니 한 해의 막바지에는 추위와 함께 서울을 중심으로 전국이 코로나의 불가마에 달궈지는 곤욕을 치렀고, 1월 하순인 지금도 그 여세는 우리를 움츠리게 하고 있다. 그래서 그런지 봄이 더욱 기다려지고 어느 해보다 먼저 봄의 기미를 알아차리게 되었나 보다.

자연은 이렇게 새로운 생명을 잉태하기 위하여 부산한 준비에 여념이 없는데, 만물의 영장이라고 자찬하는 우리 인간들은 더욱 의기소침하여 자연에 봄의 기미가 보여도 미동도 하지 않고 폐칩의 나날을 보내서야 되겠는가!

훌훌 털고 일어나서 봄의 기미를 생명의 끈끈한 활약으로 일어서보자 봄의 기미를 알아차리고,

입춘방(立春榜)을 쓰면서

송년회다, 신년회다, 이리저리 왔다 갔다 하는 사이에 어느덧 1월이 다 지나갔다. 새해 기장 칠암 앞바다의 일출을 보면서 시간을 금쪽같이 아껴서, 정말 보람된 시간들을 갖자고 다짐했던 것이 물거품처럼 흘러간다. 따지고 보면 그동안 내 인생도 삶에 허덕이다가 여기까지 흘러온 것 같다.

비로소 마음을 가다듬고 자리에 앉아보니 여기저기 인사를 하고 글을 보내고 하던 젊은 시절의 시간들이 생각난다. 미처 인사를 못한 분들에게 때늦은 설날 인사 겸 '입춘대길' '건양다경'의 입춘방을 쓰면서 새해를 맞는 듯이 핑계를 대곤 앉아 있다. 그러고 보니, 어느덧 봄이 문턱에 와 문을 두드리고 있다. 나의 느림은 여기에서 비롯된 것이 아닐까 생각해 보니 늘 지각으로 보낸 시간들이 주마등처럼 지나간다.

눙치고 살면서 내일로 미루던 이 시간들이 이제는 그리할 수 없는 시점에 왔다면 어찌할 것인가? 번개처럼, 정말 바람직한 일에 내 금년의 시간들을 놓아야겠다는 생각에 숙연해진다. 지난 한 달은 그랬다고 치자. 이제 우리의 명절 설을 맞고 입춘의 새봄을 맞으면서 지난 한 달을 돌이켜보고 진짜 새해를 시작하는 마음으로 이 아침을 맞아야겠다. 어찌 보면 하루하루가 새로워져야겠다. 일신우일신의 정신이 그래서 필요한가 보다. 한 해의 시작은 새해 첫날에 있지만, 이월의 첫날은 오늘에 있고, 새로운 날로 다시 새로운 다짐을 해야겠다. 어제의 부실했던 아쉬움들 잊고 오늘 이 시간을 새롭게 다잡아야 할 일이다. 청청한 기장 앞바다는 새해 아침이나 오늘 아침이나 한결같다. 단지 내 마음이 다를 뿐이다.

어제 그토록 허비했던 시간이 오늘은 어떻게 보내야 할까? 후회 없는 시간들을 보내기 위한 각별한 내 나름의 계획과 실천을 해야겠다. 마지막 한순간까지 후회 없는 삶을 살 수 있도록, 나는 나에게 정중한 아침 인사로 내 부족함을 위로한다.

지난해에는 무척 바빴다. 이것도 하반기에 몰려 있다 보니 연말에는 밤샘을 하는 일까지 생겼다. 『기장문학』19호 편집을 필두로, 수필 동인지 『길』15호, 『수필문학21』16집, 『가톨릭문학 25년사』, 시 동인지 『시와 인식』14집 등을 주관하고 10월에는 시 낭송회를 한 달 가까이 준비하고 실행한 뒤 정산까지 그야말로 눈코 뜰 새가 없었다. 한 시간이면 척척 해내던 일들이 서너 시간씩 걸리니, 일의 진척이 늦어지고 힘들어졌다. 일을 줄여야겠다고 다짐하지만 주어진 일이니 넘겨버릴 수도 없다. 일없이 시간을 죽이는 것보다야 나은 것 같지만 어쨌든 일을 줄이도록 노력해야겠다는 생각이 새해 아침인 양 지금 다시 마음에 다가온다.

올해 양띠 해는 풀을 뜯는 양의 무리처럼 초록 풀밭에서 좀 한가한 시간을 내어서 그동안 소원했던 친구들과 즐거운 시간을 가지고 화목한 모습대로 살고 싶다. 여유시간을 내어 틈틈이 신문이나 잡지에 발표한 칼럼이나 글들을 모아 산문집을 하나 내고 그동안 써둔 시를 모아 시집을 하나 낼 생각인데 이것 또한 욕심이 되지 않을까 걱정이다.

지난달 무슨 일로 시내에 나갔다가 일이 일찍 마쳐져서, 정관 집으로 들어오기도 그렇고, 저녁 만남 시간에 맞추기 위해 시간을 보내느라 고심한 적이 있었다. 참말 할 일이 없다면 아마 하루를 아주 길게 보낼 것 같으나, 그 시간을 메우는 것도 가당찮은 짐으로 다가온다. 쉬엄쉬엄 시간을 잘 다스리면서 을미년의 남은 한 해를 보람 있게 보낼까 생각하니 절로 신이 나고 힘이 솟는다. 서툰 입춘방으로 기장군민과 모든 분들의 건승을 빌어본다.

(2015, 기장군지「기장사람들」신춘 원고)

정관의 아침

오늘도 연속음 소리에 눈이 떠졌다. 도로의 미세먼지를 흡입하는 청소차의 기계음이다. 연일 무더위가 밤잠을 설치게 하여 온 집안의 창을 열어두었더니 방충망을 뚫고 들어오는 소리다. 문득 고마움을 느끼며 자리에 누워 힘찬 기지개를 켠다.

고개를 드니 열닷새 하얀 달이 서편 하늘로 기울고 있다. 5시 20분 여명이 걷히는 이른 시간, 오랜 가뭄으로 쌓인 먼지들이 살수차에 길가로 밀렸다가. 이제 먼지 제거 차에 도로는 더욱 깨끗한 아침을 열고 있다. 새벽잠도 없는 사람인가 보다. 찌는 더위에 숨 막히는 한낮을 생각하면 길가의 먼지를 제거하고 살수하는 이 새벽 시간은 간밤의 열대야에 시달린 육신에 생기를 넣어 준다.

벌떡 일어난다. 산책 시간이다. 반바지에 간편복으로 뒤축이 낮은 가벼운 신으로 갈아 신고 오른손엔 묵주를 들고 나선다.

두 마리 물새가 이른 아침 물가로 산책을 나왔다. 이제 가을이 오려나 잠자리들이 물그림자를 지으며 날고 있다. 밤사이 물은 가라앉아 물속에 박힌 하늘 위로 유영하던 피리와 붕어 무리들이 내

발자국 소리에 떼 지어 줄행랑을 놓는다. 잠시 물속의 하늘이 흩어진다. 피리의 큰 무리가 휘젓고 오르면 씨알 굵은 붕어 떼가 연한 물살을 일으킨다. 초봄에 손톱만 하던 새끼들이 서너 달 사이에 큰 놈은 다섯 치는 됨직하다. 붕어들은 손바닥만 하게 커진 놈도 있어 헤는 모습이 당당하다. 한 물속에서도 다투는 것을 보지 못했다. 저희들끼리 떼 지어 자유로운 유영을 하고 간간이 떨어져 있는 놈들인 짝을 찾아 저들끼리 꿍꿍이속을 내보이고 있다.

낮은 다리 물살이 느린 앞쪽에 제법 큰 두 마리의 피리가 서로 따르며 희롱하느라 흐르는 물살에 몸을 맡기고 열애에 정신이 없다. 큰 녀석이 암놈, 오른쪽 작은 녀석이 수놈이다. 머리와 꼬리를 연신 맞대고 비비면서 수컷이 미는 서슬에 시계 반대 방향을 돌기만 한다. 간드러지게 지느러미를 흔들며 물살에 맡기고 떠내려오다가 암놈이 슬쩍 다시 위로 헤어 오르면 수컷은 부리나케 뒤를 따르고 다시 온몸을 비비면서 나란히 물살에 몸을 맡긴다. 입술을 서로 쪼듯이 비비다가 꼬리를 서로 부딪치면서 몸을 연신 비벼댄다. 이른 아침 두 마리 피리의 연출은 계속되고 있다. 조심스런 내 발자국에도 물고기들은 민감하게 움직인다. 그런데 이 두 녀석은 완전히 나를 무시하고 있다.

어제 아침 시커먼 방망이처럼 누워 있던 메기는 보이지 않는다. 바위틈 어디선가 늦잠을 자나 보다. 어제는 좀 늦은 아침 시간, 두 마리가 보이더니 나무토막인가 하고 작은 돌을 던져 보았더니, 바위틈에 보이지 않던 한 놈까지 세 놈이 후다닥 물 먼지를 일으키고는 바위틈 사이로 재빨리 잠적해버렸다.

방금 떠오른 햇살이 눈부시다. 햇살은 긴 나무그림자를 늘어뜨리고 잎 사이로 눈부시게 반짝인다.

용상교 아래 맑은 물이 합류하는 지천(支川) 어귀 야트막한 여울에는 수천 마리 피리 떼가 서로 몸을 부딪쳐가면서 맑은 물의 신선한 산소를 마시기에 여념이 없다. 날이 오랫동안 가물어서 수량이 줄어들고 수온이 높아졌지만, 지하로 흘러 내려오는 지천은 매우 시원할 것이다.

중앙교 아래에는 살수차가 더러워진 보행 길과 다릿발의 벽을 깨끗이 씻고 내를 건너는 낮은 다리 아래에는 8마리 어미 청둥오리 가족이 아침을 즐기고 있다.

정관천의 아침은 이렇게 뭇 생명들이 싱싱한 호흡을 하는 곳이다. 살랑살랑 미풍이 인다. 나도 그들과 어울리는 한 개의 자연이 된다.

이문회우(以文會友)의 정을 그리며

여름은 심한 더위에 고생을 했다고 만나는 사람마다 이구동성으로 인사말을 한다. 돌이켜 보면 지난겨울도 예년에 보기 드물게 추웠다. 정관에 들어온 지 10년째인데 정관천이 어는 것을 처음 보았다. 아이들이 신기한 듯 가장자리의 얼음을 밟아 깨고 있었다. '겨울이 추우면 다음 오는 여름은 더운가?' 이번 여름을 브내며 혼자 생각해 보았다. 그러나 그러한 추위나 더위도 계절의 순환 앞에는 다소곳이 물러난다. 그리고 일상의 궤도에 자연스레 회귀한다.

서울의 월간 『수필문학』을 통해 등단한 부산 소재 작가들 즉 『수필문학부산작가회』에서 발간하는 『수필문학21』이 어언 20집을 내게 되었다. 지방의 문단이 활성화되고 등단의 문호가 활짝 열리니 중앙으로의 진출보다 수월한 지방으로 등단의 문을 두드린다. 우리는 두 번의 추천과정을 거쳐 어렵게 등단했다는 자부심을 가졌었는데 뒤를 이어 등단하는 사람들이 거의 없으니 우리의 아성도 위기에 부딪쳤다고 생각된다. 그래서 편집을 다양화해 보고 유수한 작가들을 모시어 이미 발표된 좋은 작품의 자리를 마련하고,

시대적 조류에 따라 단수필의 맛을 보기도 하며 공동제를 두어 다양한 독자들의 시선을 모아보기도 하고 있다.

이번 호에는 '친구'를 공동제로 삼았다. '친구는 육친(六親)과 진배없다."나 "친구나 술은 묵을수록 좋다.'는 우리 속담이 있지만, 친구의 사귐을 흔히 사자성어에서 찾는다. 관포지교(管鮑之交)나 간담상조(肝膽相照), 수어지교(水魚之交) 등이 그것이다. 중국 고사에서 비롯된 것이지만 그중에서도 가장 으뜸으로 삼자면 문경지교(刎頸之交)가 아닌가 한다. '서로 죽음을 함께할 수 있는 친구'이니 이보다 더 큰 우정은 없을 것 같다. 예수께서도 '사람이 자기 친구를 위하여 자기 목숨을 버리면 이에서 더 큰 사랑이 없느니라.'고 하여 사랑의 으뜸으로 삼았다. 자기를 따르는 제자들에게 너희는 나의 친구라고 선언하고 그들을 위하여 죽음의 십자가를 진 진정한 실천적 친구였다.

이번 20호의 초대에 기꺼이 응하시어 우리의 회지를 빛내주신 작가님들께 감사와 존경의 인사를 드리며, 끈기 있게 작품 창작에 매진하는 우리 회원들의 문운이 날로 청청하고, 참여하지 못한 회원들께서도 좋은 글로 이문회우(以文會友)의 정을 함께하시기를 빌어본다.

(『수필문학21』 20집 발간사)

시작과 끝

지난 주말 온종일 가을비 같지 않게 많은 비가 내리더니, 밤이 되니 세차게 비바람까지 쳤다. 우리집 20층 테라스의 다섯 평 좁은 공간도 심한 바람으로 잎들이 나뒹굴었다.

다음 날 아침에 창문을 열고 테라스에 나서서 앞산을 보니, 어제까지 화사하게 울긋불긋하던 매암산의 산색이 갑자기 바래져 있었다. 간밤의 심한 바람에 겨우 매달려 있던 단풍 든 잎들이 죄다 떨어진 탓이리라. 하룻밤 사이에 비바람으로 갑자기 변해버린 산색에 내 마음이 숙연해졌다.

시작이 있으면 끝이 있는 법인데, 그토록 길고 지루하던 지난여름도 결국 끝을 보이고 물러갔으며, 화사하던 단풍도 이제 하룻밤 바람에 흩날려 그 빛을 잃으니 이제 올가을도 끝자락에서 마지막 숨을 내쉬는 것 같다.

이 세상 만물에 생명이 있는 것은 죄다 그 끝이 있는 것이며, 우리 인생 또한 예외 없이 시작과 끝이 있음이 확연한데도, 오늘을 사는 우리는 끝을 모르고 질주하고 있는 마지막 열차를 탄 것 같은 느낌이 든다.

계절의 시작과 끝이 있듯이 일에 있어서도 시작과 끝이 반드시 있음은 주지의 사실이다. 입시가 끝났고, 이제 곧 겨울이 올 것이고 새봄이면 새 학기가 시작될 것이다.

2008년 5월 30일 시작된 18대 국회도 2012년 4월 11일 19대 총선거가 실시되면 그 끝이 온다.

'소수의견도 존중되고 반영되어야 하지만 다수결의 원리는 물리력에 의해 부정될 수 없는 것'이며 "대화와 타협을 통해 같은 결론에 도달하는 것이 최선이지만, 그렇지 않을 경우 결국 다수결의 원칙에 의해 승복하는 것이 의회주의 아닌가."라는 말은 백지화가 되고, 국민들이 번연히 보고 있는 현장에 최루가스가 난무하는 국회가 되어버렸다. 의회민주주의를 하라고 국민이 애써 뽑아 만들어 놓은 국회가 이 모양이 되고 있으니 그 끝이 걱정스럽다.

이래저래 경제에 물가에 가뜩이나 쪼들리는 서민들은 원칙이 깨어지는 것, 이것이 불안한 것이며 새로운 비전을 요구하고 있는 것이다.

매사엔 종말이 있으며 끝이 좋아야 모두가 좋은 법이다.

새로운 시작이 되는 내년에는 희망을 걸어도 될까? 무척 기다려진다.

(2011. 11. 26.)

정관 구목정(九木亭) 공원 장미원

5월이다. '잔인한 달'이라고 한 T.S. 엘리엇의 4월은 이제 찬란한 기쁨의 봄이었다. 오늘의 시국이 어떻더라도 자연의 순리대로 아름다운 꽃을 피우고 신록의 아름다움으로 온누리를 찬란하게 장식하였기 때문이다.

5월이면 기다리던 자연의 성찬이 이어진다. 5월은 장미의 아름다운 계절이며 봄의 절정을 이루고 불타는 여름을 이끌고 오는 달이다.

이곳 기장 정관의 구목정공원 안에 있는 장미동산은 몇 년째 가꾸어 오면서 이제 어디에 내어놓아도 좋을 자랑스런 장미공원이 되었다. 148종 10,400주의 장미나무에서 일시에 피어오르는 수십만 송이의 장미는 둘레길 500여 미터 언덕 위아래에 촘촘히 심어져 그 아름다운 자태를 자랑하고 있다.

아침이슬을 머금은 갓 피어난 장미에서 풍기는 은근한 향은 우리의 가슴을 아름답게 적셔준다. 작년에 찍어둔 사진을 열어보니 오월 한 달은 장미에 취해보고 싶은 마음이 든다. 100송이 장미를 먼저 군민들과 나를 아는 사랑하는 분들에게 선물로 드린다. 우리들도 마음의 여유를 찾아 그리운 사람, 사랑하는 사람에게 장미 100송이의 사진 선물을 보내면 어떨까?

위 글을 지난 4월 말경에 써 두었는데 반년이 지난 11월 구목정 공원의 장미는 새로운 봄을 맞은 듯 다시 색색의 화사한 꽃잎을 펼치고 있다. 봄에 비해 꽃송이는 비록 작고 수도 적지만 이제 추위가 다가오는 이 계절에 다시 싱그런 장미 꽃송이를 보니 마음은 봄을 달리고 있다. 버릇대로 휴대폰을 가까이하고 셔터를 누른다. 50송이를 담았다. 그리운 이에게 보내려는 마음이 솟는다. 나만 두고 보기가 아깝기도 하고 정관의 진면목을 알리고도 싶다.

지금 정관천 주변은 색색으로 물든 단풍의 아름다움이 남다르다. 먼 길 가지 않아도 단풍과 가을 장미를 볼 수 있으니 정관에 사는 행복을 느낀다. 정관의 이웃들과 나누고 싶어 사진을 같이 띄운다. 내년 5월이 벌써 기다려진다.

(2019. 11. 13.)

망운산 조망과 남해 읍성을 유추하다

아침 해가 창선도 대방산 능선으로 스멀스멀 기어오르면 강진 바다는 윤슬을 쏟아낸다. 언젠가 수륙양용 비행기가 앉으려고 했나 본데, 바다 가까이 떠 있는 모습이 하나의 영상이 되어 나의 뇌리에 파노라마처럼 흘러가고 있다. 바다의 윤슬과 동체에서 순간적으로 비친 눈부신 빛에 현혹되었는가 보다. 아직도 70년 전 그때 모습이 동영상으로 뇌리에 남아 있는 것을 보면….

학교의 동쪽 언덕 탱자나무 울 너머로 보이는 강진 바다는 남해도 주(主) 섬과 창선도 사이에 있는 큰 호수 같은 작은 바다이다.

내가 살던 읍내 서변동에서 항상 나를 내려다보던 당운산은 늘 신비의 구름이 끼어 있곤 했다. 그래서 붙여진 이름이라고 들었다. 어린 시절이라 이 산에 오르지는 못하고 고향을 떠나기는 했지만, 40년이 거의 지난 전후로 아내와 함께 여러 번 올랐던 산이다. 786미터이니, 한라산(1950m), 성인봉(984m)을 제외하면 3300개가 넘는 우리나라 섬 중에서 가장 높은 산이다.

망운사(望雲寺)가 내려다보이는 망운산의 정상에 오르면, 북쪽으로는 지리산(1915m)이, 왼쪽 끝의 노고단(1507m)에서 시작하여 작은 굽이를 이루면서 오른쪽으로 서서히 높아지다가 천왕봉(1915m)에서 정점을 이루고 꺾여서 대원사 계곡으로 내리지르는 능선과 연푸른 산의 윤곽을 선명히 볼 수 있다. 동쪽을 내려다보면 짙은 숲이 융단을 깔아 놓은 듯 병풍을 이루고 대곡의 짙은 녹색 물이 삼각형 모양으로 보이고, 능선을 따라 내려가면 봉전 마을의 황새숲을 지나 강진바다의 흰빛 바다와 대방산(468m)이 우뚝 솟은 창선도를 마주한다. 대곡 아래로는 누른 아산들이 사라지고 남해의 중심인 남해읍이 망운산으로 기어 올라오듯 아산들을 잡아먹으며 크고 있다. 옛날에는 서변동과 아산 사이에 제법 넓은 들이 있었으나 지금은 주택들로 거의 이어져 있다. 대곡에서 내린 물은 아산들을 돌아 남산 앞으로 휘돌아 신촌(사부랑)과 광포(너울개)에서 내려 만난 물과 다시 만나 큰 내를 이루어 강진 바다 쇠섬 앞으로 흘러 들어간다. 이 물이 합수하는 곳을 너울개라고 했는데, 예전에는 이곳까지 바닷물이 들어와서 포구를 이루었던 것으로 짐작할 수 있다.

남산 앞을 흐르는 내는 나의 애틋한 정이 담긴 곳으로 물장구치고 따끈한 돌로 귀에 대고 물을 빼던 일이 아련히 떠오른다. 이곳을 지나 남산에 오르는 길목은, 황순원의 『소나기』를 읽으면 떠오르던 내였다. 그러나 지금은 완전히 복개되어 있고 우리 논이 있던 자리는 공설운동장이 들어서서 옛 흔적은 찾을 길이 없다. 관대봉에서 장군바위를 끼고 왼쪽으로 내려오면 공동묘지를 지나 남산으로 이어지고 오른쪽으로 돌면 내 큰집이 있는 신촌(사부랑)으로 들어가는 길이 나온다. 신촌 가는 길 오른쪽에 우리 조부모님과 백부모님이 누워 계신다.

남쪽은 큰골 작은골 그 아래 연지골(연죽골)이 있고 이곳에 남해공립 묘지가 있다. 이곳에 남해교회의 권사님으로 신앙이 굳었던 작은 고모님이 누워 계신다. 이곳 너머는 서면이 보이고 평산포 만호가 있었던 평산항, 그 너머 설흘산(482m)이 동서로 길게 누워있다. 이 작은 산맥은 정상이 돌산으로 가파른 능선을 이루면서 몇 개의 봉우리가 연이어 솟아 있어 응봉산(472m)에 이르기까지 등반의 스릴을 느낄 수 있어, 사량도의 지리산을 타는 느낌을 느낄 수 있다.

남동 능선을 따라 눈길을 돌리면 둥근 산봉우리에 유두(乳頭) 같은 바위가 자리 잡고 있다. 망운산 정상에서 이 봉우리로 가는 길은 큰 활을 굽혀 놓은 듯 가파른 경사를 이루며 굽어 있다. 이곳 능선을 따라가면 키 높이의 억새가 짙게 자라, 발밑에 금세 뱀이라도 밟힐 듯하다. 유두 모양의 바위는 시루 바위라 하는데 꼭 반듯한 시루떡을 차곡차곡 재워놓은 듯하다. 이 바위는 바로 관대봉(595m)의 정상에 자리 잡고 있는데 조심스레 위에 오르면 수십 평은 됨직한 평평한 공간이 나타나 30명 이상이 자리 잡을 수 있다. 그러나 오랜 세월 지나는 동안 갈라지고 틈이 생기는 등 많은 침식을 입었다. 읍내 우리 마을(서변동 44번지)에서 보면 밥주발 엎어놓은 젖통 위에 탱글탱글한 유두가 또렷했던 것이 70년 지난 지금도 변화가 크지 않다.

가파른 서쪽은 바로 아래 노구 마을이 있고 남상·중현·작장·서면 등의 마을이 산기슭에 자리 잡고 밭농사와 고기잡이로 어려운 살림을 지탱하고 있다.

이곳에서 망운사로 오르는 임도가 자리 잡고 있으며 요즈음 논의되고 있는 풍력발전소의 발전기가 놓이는 곳에서 가장 피해가 클 마을들이 자리 잡고 있다. 그 아래 바다는 광양만이 자리 잡고 있는데 광양제철소에서 뿜어 나오는 매연과 여천공단에서 흘러나오는 공업폐수 등이 이 바다를 심하게 훼손하여 현안이 많은 곳이다. 이곳에는 이순신 장군께서 해전을 수없이 치렀던 곳이고 급기야 최후를 맞으신 관음포가 자리 잡고 있다. 이곳은 갯벌이 잘 발달 되어 있어서 고려 대장경판이 만들어진 곳으로 알려져 있으며, 그 사실 고증에 박차를 가하고 있다.

서면과 마주하는 여수는 해양 수도로서 지난번 치른 세계박람회(2012년)로 각광을 받는 관광도시가 되었다 그 아래로 돌산도와 향일암은 이름난 명승지로서 남해와 잘 연계될 수 있는 곳이다. 노량에서 순천, 광양, 벌교, 여수로 돌아가는 길은 영호남을 더욱 멀어지게 하는 지역적 특성을 가지므로 7km 내외의 양안을 잇는 해저터널을 구상하고 있어 가까워질 날이 오래지 않았다. 좁은 땅에 영호남이 무엇이냐. 걸쭉한 육자배기와 화통한 경상도 쾌지나칭칭이 서로 어우러져야 하지 않겠는가.

이상 망운산에 올라 사방의 경관을 살펴보았다. 벌거벗었던 70년 전의 산은 이제 짙은 숲으로 윤기가 흐르는 자랑스런 산이 되었다.

이제 남해를 지키던 옛 모습으로 조금이나마 복원하여 신구(新舊)가 아우르는 남해의 진면목을 드러낼 시기가 된 것 같다.

남쪽의 보루로써 자주 출몰하는 왜적을 무찌른 우리 선조들의 모습을 재현하는 것은 현재를 사는 우리와 미래의 후손들을 위해 마땅히 오늘날 이루어 놓아야 할 중대한 과업인 것이다.

며칠 전 남해초등학교 공사를 하다가 옛날 읍성의 해자(垓子)를 발견했다고 하는 기사를 보았다. 그리고 고증을 위해 공사가 잠정 중단되었다.

오래된 기억이지만 이 기사로 하여 내가 살던 주변이 바로 남해 읍성의 흔적일 것이라 생각이 들었다. 남해초등학교의 서쪽 담을 연결하면 군청의 서쪽 담과 연결되며 군청의 서쪽 언덕 너머에는 깊은 고랑이 있었다. 이것이 남해초등학교 옛터의 해자와 연결되는 것이 아닌가 생각된다.

거기서 좀 더 남쪽으로 가면 서문이 있고 우리는 이곳을 지날 때 섬 밖에 간다고 했다. 섬 밖은 서문 밖이라는 말이니 우리가 지나던 돌다리와 돌기둥 등은 서문의 흔적이었다고 생각된다. 그 곁에는 돌로 잘 만든 우물이 있었다. 군청 서편의 고랑은 이 서문을 지나 성을 빙 들러서 남변동으로 내려가 서변동 회나무 곁을 지나갔다.

내 집 서변동 44번지는 군청에서 남쪽으로 두세 집을 지난 가까운 곳에 있었는데, 이곳 서편동의 우리집 주변은 남해 읍성의 주요한 터 자리였다. 우리 집 앞 정순이 집 남쪽 앞은 아버지 제자였던 인간이 형 집이었는데 몇 개의 계단을 올라가야 했다. 이곳은 성의 위쪽이라 생각된다. 정순이 집은 몇 계단 내려갔으니 우리집과 함께 성 안쪽이 된다. 인간이 집에서 골목길을 따라 안으로 들어가면 연을 잘 만들던 할아버지가 사셨고, 그 축담에서 연줄에 새를 먹이기도 했다. 그 집을 돌아가 보면 바로 성동이 집으로 연결되고 그 집은 많은 돌담과 허물어진 큰 바위들이 집을 둘러싸고 있었다. 그리고 바로 그 너머는 군청 뒤로 흐르는 물이 내려오는 깊은 개울이 있었다. 우리는 아산들로 가기 위해 이 허물어진 돌담을 자주 넘어 다니곤 했다.

인간이 형 집에서 동쪽으로 가는 길은 좀 내리막길이었고 오른편은 큰 돌들로 담처럼 되어 있었다. 그 오른쪽 아래는 한길 이상으로 낮아서 이곳이 성벽임을 알 수 있었다. 꼽추인 외삼촌 친구 집은 이 돌담 아래에 있었는데 성 밖인 셈이다. 내려가면서 왼쪽 집들은 계단을 내려가거나 길보다 많이 낮았는데 모두 성 안의 집들이었다. 우리는 결국 성 위로 다닌 셈이다. 서지에 이르는 길도 돌담이 있었고 골목길 몇 굽이를 돌아 나가면 군청에서 내려오는 고랑이 깊게 아래로 흘러내려 갔다. 여기서부터 성이 어느 방향으로 갔는지는 알 수 없다.

서지(書址)를 지나 오른쪽으로 가면 늙은 회나무가 있었는데, 허리 높이로 단을 쌓고 보호하고 있었다. 너무 오래되어 구멍이 펑 뚫린 데다 늘 색색 천으로 둘러 두어 밤에는 무서워 한길로 둘러 가기도 했다. 이 회나무는 요산 김정한의 소설, 『회나뭇골 사람들』의 배경이 된 나무이기도 하다. 이 부근에 남문이 있었음직하다. 이곳을 오른쪽을 꺾어 가면 자갈이 깔린 골목길이 나오고 한길과 만나는 곳에 효자문이 있었다.

이 효자문은 천금새라는 할아버지의 집안 소유였는데 내 아버지의 친구인 김재동 선생의 춘부장 되시는 분이었다. 우리는 이 부근을 남밖이라 했는데, 외갓집도 바로 그 부근에 있었다.

북문은 위치를 가늠하기 어려우나 이모님 집은 북문 안에 있었다. 우리는 북문안 이모집이라고 했다. 이 집도 몇 계단을 올라가서 있었는데 역시 성 위의 집이었던 것 같다.

10살 전후의 기억에 남아 있는 망운산과 남해 읍성에 대한 생각을 가볍게 유추해 보았다. 이미 남해 읍성에 대해서는 여러 차례 발굴이 있었고 남해초등학교 신축 중에 해자가 발견되었다는 소식이 읍성에 대한 생각을 불러일으켰다.

사부랑(신촌) 사촌이나 숙부님은 나뭇짐을 지고 성내 간다고 했으니 분명히 성이 있었다는 증거들이다. 남밖(남문밖), 섬밖(서문밖), 북문안, 성내(성안) 등의 용어들이 70년 전에 남아 있었으니 가문(假門)이라도 세우고, 고증을 확실히 하여 시간을 두고 읍성 전체를 복원한다면 역사적 의미가 주어지고 남해는 보물섬으로서의 가치를 더욱 높일 수 있을 것이라고 생각한다.

내가 사는 기장군에서도 기장 읍성의 흔적을 찾아 복원하고 있으니, 남해의 좋은 자연경관과 많은 문화재에 덧붙여 고풍스런 옛 성곽이 들어선다면, 남해 관광의 구심점이 되리라 본다. 낙양 읍성 둘레가 1406미터로 잘 보존되고 특색을 살려 운영함으르써 한 해에 120만 명의 관광객이 다녀간다.

남해군지에서 남해 읍성은 1.3km의 정방형 성이라 하였으니, 가능한 곳은 성의 모습을 찾아 축조하고 자라는 후손들의 교육의 장이 되었으면 좋겠다. 관광자원의 확충을 위해 이러한 계획도 의미가 있을 것으로 본다.

(2020. 10. 15.)

대상포진(帶狀疱疹) 전말기(前末記)

며칠 전부터 목덜미가 아파서 파스를 부쳤다. 함께 왼쪽 머리도 지그시 아프다. 손가락으로 쓸어보니 파스를 뗀 자리에 조그만 돌기가 여럿 생겨서 지문(指紋) 글자를 만지는 느낌이다. 파스를 바른 자국에 생긴 알레르기인 줄 알았다. 아픈 머리가 곧 낫겠지 눙치고 7월 9일 목요일, 자고 나니 통증은 가라앉지 않고 그대로다.

오후부터는 비가 심하게 내리더니 금요일 날 오전에는 작달비가 쏟아진다. 이날 오후 5시 30분에 시조문학 임원 회의가 있는데 비가 쏟아지고 머리도 아픈 서슬에 갈까 말까 망설이고 있는데 오후 2시경엔 비가 씻은 듯이 그친다. 지난번 모임에도 빠지고 여러 가지 행사에 참석을 못해 미안한 마음이 들어 쉬고 싶은데도 가기로 했다. 시간이 여유가 있고 회의를 할 때면 긴 시간 주차로 신경이 쓰여 모처럼 차를 두고 버스와 지하철을 이용하여 서면 회의장으로 갔다. 뛰다시피 시간에 맞추어 문을 열었는데 회원 한 명만 앉아 '오늘 회의가 비 때문에 순연(順延) 되었습니다.' 하고 웃는다.

정관서 서면까지 팔십 리 먼 길을 온다고 땀깨나 흘렸는데 허무하다. 곧 뒤돌아 나와서 전화기의 문자를 열어보니, 아뿔싸! 오후 1시 2분 발로 '호우경보로… 임원 회의는 1주일 연기하기로 하였습니다.'라는 문자가 들어와 있다. 메시지를 잘 보지 않는 습관이 이런 낭패를 가져온 것이라 자책을 하면서 모처럼 나온 길이라 그동안 전화로만 안부를 주고받던 친구 최 사장에게 전화를 걸어 같이 식사나 하자고 했더니, 지금 퇴근 준비를 하니 만나자고 흔쾌히 대답한다. 식사를 하면서 한 병 소주를 나누어 마시고 자리를 옮겨 맥주를 두 잔씩 먹었다. 아픈 머리는 완전히 잊고….

토요일 아침은 머리가 더욱 아프고 어깨의 통증도 심상찮다. 갑자기 연전에 돌아간 시인 이 형이 생각났다. 이날도 토요일. 기장문협의 시 낭송 행사를 마치고 머리가 무겁다 하며 일요일을 고생하다가 월요일 병원에 가서 링거를 맞은 뒤 침상에서 일어나 쓰러져서 곧 부산대학병원으로 실려 가 보름 동안 투병하다가 유명을 달리한 생각이 나서, 토 일요일을 보내면서 이 생각으로 더욱 머리가 지끈거렸다.

월요일도 미적거리다가 김 내과로 찾아갔더니, 아픈 머리는 살피지 않고 피검사를 해보자고 한다. 1시간 반 정도면 결과가 나온다고 하여 기다리기로 했다. 마침 환자들이 없어 여러 가지 건강상담을 하다가, 여기는 시설이 안 되니 큰 병원으로 가라고 의뢰서를 써 준다. 머리가 몹시 아프니 조치해 주기 바란다는 짤막한 사연을 적어 준다. 비는 오는데 그사이 여러 시간이 흘러 주차비가 만 원이나 나왔다. 인터폰으로 항의를 하다가 쓰린 마음으로 집으로 왔다. 무슨 불길한 징조가 아닌가 하는 방정맞은 생각도 들었다. 오후 늦으니 내일 일찍 가보자고 미루고 또 늦췄다.

화요일 정관에서 가까운 동남권 원자력 의학원으로 갔다. 출입자 신고서에 두통이 있다고 적어내니, 병원 뒤로 가면 검사실이 있으니 다녀오라고 한다. 현관 옆 벽에 큰 플래카드가 걸려 있다. 큰 글씨로 '코로나19 선별 진료소' 그 아래 작은 글씨로 '위치: 장례식장 앞'이라고 적혀 있다. 섬뜩하다. 괜히 엉뚱한 생각이 든다.

8시 30분 진료 시작이라, 아무도 없는 간이 천막 안 책상 위의 준비된 서류에 간단한 신상 내용을 적고 나니 잠시 뒤에 간호사들이 들어와 호출을 한다. '아! 코로나 검사를 하는구나, 만약 양성으로 나온다면….' 쓴 서류를 살펴보고 체온을 재더니 그냥 가라고 한다. 머리가 아프다고 하니 대상이 되지 않는 모양이다, 조금 전까지도 긴장되었던 마음이 가라앉는다. '참 황당하다. 병원 치료하러 왔다가 자칫 코로나 심사를 받을 뻔했구나.'

원무과 접수실에서 지정해 준 신경과 의사는 진료시간이 되지 않아 좀 기다렸다. '며칠 전부터 머리가 매우 아파 촬영을 했으면 한다.'고 하니.

"그러세요, 2015년에 찍은 MRI 사진에는 별 이상이 없습니다. 굳이 찍을 필요는 없습니다만…."

"CT는 안 될까요?"

"CT는 약물을 넣고 상세한 것은 다시 MRI를 찍으니 바로 MRI를 찍으십시오. 찍으시고 다음 주 다시 오십시오."

순서를 기다려 한참 만에야 30분에 걸친 사진 촬영을 하고 나니 출출하다. 그새 점심때가 된 것이다.

오후에 늦게 아직 손목이 부실한 아내와 목의 통증을 잡기 위해

잘 가는 한의원으로 갔다. 엎드린 나의 목덜미에 침을 놓으려던 젊은 한의사는 갑자기 놀라면서,

"어 이거 대상포진 같은데요."

"예? 대상포진이라고요?"

"예 확실합니다. 빨리 병원에 가보세요."

아내는 침을 맞도록 남겨두고 부랴부랴 가까운 조 내과로 갔다. 머리를 살피더니 대상포진의 진단을 내리고 주사를 주고 3일 처방전을 내어 준다.

'어제의 내과 의사와 오늘 아침의 신경과 의사도 내 아픈 머리를 한 번 살펴보았으면 발견했을 것을, 내가 대상포진에 대한 조금의 지식만 있었어도 금요일 토요일 미련 대지 않고 치료를 해야 되는 건데 아까운 시간을 놓쳤구나!' 하는 자책과 함께 머리가 아프다는 환자를 자세히 살펴보지 못한 두 의사에게도 아쉬운 마음을 가눌 수 없었다.

이 병의 징조는 지난 수요일 나타났고 어깨 통증으로 붙인 파스를 때고 그 윗부분에 솟는 좁쌀 같은 돌기를 파스로 인한 알레르기 자국으로 알았던 것이 큰 착오였다. 확진을 받은 다음 날부터 왼쪽 머리와 목덜미 쪽에 수두 자국이 몽글몽글 솟아오르더니 아프고 가려운 정도가 매우 심하여 잘 때에는 손톱으로 짓눌리기도 하고 딱지가 된 것은 떼어내기도 하니 상처를 더욱 덧나게 한 모양이다. 약을 비웃듯이 물집은 왼쪽 머리와 귀, 목덜미까지 솟아올랐다.

7일째인가 갑자기 왼쪽 귀 쪽에서 총알을 맞은 아픔으로 통증이 확 지나갔다. 무서운 아픔이었다. 이 아픔이 이후 일주일간 간헐적으로 찾아왔다. 처음엔 시간이 짧더니, 가로로 온 아픔은 세로로

칼을 베듯이 찾아오고 슬며시 가는 듯하더니 다시 더 큰 아픔으로 머리를 짓눌렀다. 나는 머리를 싸매고 이불에 머리를 박은 채 어린 아이처럼 '하느님 살려 주십시오.'하고 외쳤다. 조 내과에서 일주일 처방을 받고 마지막 4일 처방을 내릴 때 '혹 신경과 의사를 아는 분이 있느냐.' 했더니 수영 로타리의 강 신경과를 소개한다. 부근에 있는 제자 하나병원의 김 박사에게 전화를 하니, 강 의사가 대학 후배이니 가시면 전화를 달라고 한다.

"어서 오십시오. 전화를 받았습니다. 은사님이시라고요." 그는 신경과 의사답게 온몸의 신경계가 그려진 사진의 이미테이션을 보이며 지금 병이 생긴 원인과 왼쪽 머리로 간 두 가닥의 신경 중, 아래 귀 쪽으로 가는 신경에서 신경 결에 잠복해 있던 바이러스가 신경을 타고 나오니 지금 백혈구와 치열한 싸움이 붙어 통증이 온다는 것이며 일찍 발견하여 신속히 처방을 하면 곧 낫지만 어떤 사람은 두 달 세 달 몇 년까지 가는 경우가 있다고 설명해 주었다. 이미 나는 시작부터 시간을 놓친 것임을 직감했다. 가렵고 잠을 설친다고 하니 거기에 맞는 약들을 지어주는데, 아닌 게 아니라 약 기운이 있는 동안에는 나사 풀린 무엇같이 영 몽롱한 상태가 계속되었다.

7월 25일 아내의 청으로 두 친구와 딸 한나 5명이 휴양지가 있는 밀양을 다녀왔다. 이 졸리는 가운데 운전을 하고 왔으니, 그리고 무사히 도착했으니 망정이지 이 무슨 망령인가. 운전을 허락한 나의 부주의에 소름이 끼쳤다.

7월 27일 동백회 부부 모임에서 이야기를 했다. 조 사장이 고등학교 후배가 경영하는 내과에 아주 용하게 치료를 한다 해서 갔더니 영양제를 놓고 약을 지어준다. 그 약도 별다른 것이 없고 더 나아지지 않아 다시는 가지 않았다. 몇 년 후배인지는 모르지만 조사장이 동기라고 이야기했을 테니 한두 마디라도 선배 대접을 했으면 모르되 나보다 더 늙어 보이는데 근엄하게 원하지도 않는 영양제를 놓고 갈 때는 인사도 안 한다. 지어준 약도 간간이 먹고 다시는 가지 않았다. 의사도 연줄이 맞는 것이 좋다 하는데 이 사람은 아니었다. 소개해 준 사람에게는 미안하지만….

약을 먹어도 잘 잡히지 않는 데다가 입소문으로 알고 자기들의 투병 일지를 무협지 소개하듯 이야기하면서 아주 용한 병원과 의사를 천거하기에 해운대의 피부과를 찾아갔다. 일러준 이름 대신 다른 여자 의사가 친절히 처방해 주는 대로 주사도 맞고 약도 지어왔는데 역시 별 효과가 없어 다시는 가지 않았다. 그러고 보니 그사이에 한방의까지 넣어 일곱 군데의 의사를 만난 셈이다 이러구러 두 달이 훨씬 지나고 또 열흘이 더 지났다. 그런데도 아직 머리가 지끈거리고 왼쪽 귀는 동상이라도 걸린 듯 가렵고 지끈거리며, 왼쪽 목덜미 턱 밑은 쑤시고 아프기까지 하다.

지난주에는 사타구니가 가려워 동네의 가끔 가는 피부과에 들렀더니 피부연고와 함께 신경계통 약을 지어준다. 그러고 보니 여덟 군데의 의사 선생님을 만난 셈이다.

십육만 원이나 하는 대상포진 예방주사를 미루었는데 아픔이 가시면 시기를 놓치지 않고 맞을 참이다. 어느 아는 분의 형수는 여기저기 네 번이나 앓았다 하니 미룰 일이 아니다, 총알 맞은 것 같은 통증을 다시는 만나고 싶지 않다.

(2020. 9. 24.)

다시 읽는 징비록(懲毖錄)

-기록한다는 것

근래에 류성룡의 『징비록(懲毖錄)』을 읽고 있다. 어린 시절 충무공 이순신의 『난중일기』를 읽고 깊은 감명을 받고 이 징비록도 읽은 적이 있었다. 번역해 놓은 것을 읽어 쉽게 이해가 되었고 우리의 아픈 역사를 이해하는 데 도움이 되었다고 생각한다.

돌이켜 보면 중학교 시절 『난중일기』나 『안네의 일기』를 읽고 고등학교 때는 나도 일기를 알뜰히 쓸 때가 있었다. 필기도구도 좋지 못하던 시기에 펜이나 연필로 대학노트에 쓴 일기는 글씨나 내용이 괴발개발 시원찮으나 소중히 간직하고 힘이 들고 나태한 나의 모습을 성찰할 일이 있으면 가끔 내어 읽어보곤 한다. 당시 나의 생활상이나 힘들고 어려웠던 모습이 금세 눈앞에 다가와서 나태한 나의 모습을 다시 한번 더 부추기기도 한다. 고등학교 3년간 자취생활은 궁핍 속에서 제대로 영양을 섭취하지 못했고 진학이라는 산이 버티고 나를 어렵게 하던 시기였다. 그런 가운데 매일 일기를 쓴 것이 신기하다.

이번 『징비록』 감상은 원전을 번역해 가면서 읽으니 그 깊이와 맛이 사뭇 다르다. 당시의 시대상이나 인물의 부침을 더 적실하게 읽을 수 있어, 해석에 힘이 들지만 재미있게 풀어가면서 읽고 있다. 사건과 인물의 관계, 인물의 성품, 당시의 수많은 관직과 품계 등을 현대와 비교도 해보면서 다른 자료들을 찾다 보면 그 해석해 나가는 어려움보다 새로운 것을 깨닫는 것에 즐거움이 더 크다.

징비록은 지금 부산이 함락되고 신립장군이 방어의 요충지인 조령을 막지 않고 탄금대에서 대패하여 강물에 투신하는 임진왜란의 첫 부분이다.

전지적 작가가 상상에 의해서 인물이나 사건을 속속들이 알고 작중 인물의 심리를 자유자재로 표출하듯이 치밀하고 정확한 필치로 당시의 상황을 서술해 놓은 것에 감탄을 금할 수가 없다. 징비록이 국보가 될 수 있었던 것은 이러한 작가의 철저한 표현력을 통해 나라를 근심하던 그분의 뜻이 큰 공감을 주었고 역사적 의의를 가늠했기 때문이리라 짐작해 본다.

글로써 살아가는 우리 문인들에게 있어서 기록의 힘이 얼마나 중요한가를 이야기하고 싶은 것이다. 그래서 나는 가끔 글쓰기에 대한 뾰족한 묘책을 물어오면 이 일기 쓰기를 권한다. 매일 하나의 주제를 정해서 글을 써 보라고 한다. 그것이 힘들면 꼭 메모를 하는 습관을 가지라고 한다. 어떤 메모장이라도 좋지만 연말이 가까워 오면 문방구에 들락거린다. 새해의 깔끔한 메모수첩을 구하기 위해서이다. 쌓여 있는 메모장을 펼쳐보면 순간적인 시상이나 감상의 흔적들이 나를 반긴다. 새로의 작업의 실마리를 던져주면서….

산티아고라고?

지금 나에게는 큰 과제가 주어져 있다. 작년 54일간 스페인의 산티아고 순례와 포르투갈과 스페인 관광을 다녀온 뒤 이걸 책으로 엮어 보자는 의도로 문화재단에 신청을 했더니 마침 채택이 되어 필연코(?) 책을 내어야 될 형편이 되었다.

그런데 지난 7월 말경에 그동안 별러 오던 신앙 관련 글들을 모아 제3 수필집을 내고, 2011년에 발간한 수필집 이후에 남겨졌던 글들과 그 이전에 잠자고 있던 글들을 모아 제4 수필집을 동시에 내놓았다. 이 중 하나로 신청했더라면 큰일을 하나 마무리한 턱이 되는데 이제 새롭게 책을 꾸미자니 여간 고민이 아니다.

결국 제5 수필집은 산티아고 이야기가 될 터인데 상당량을 써놓긴 했지만 남은 여정을 정리하고 사진들을 정리하여 반듯한 수필집을 내어놓자면 다른 일들은 좀 제쳐두어야 할 형편이다. 게다가 더 큰 걱정은 재단 지원금 2백만 원으로 8백만 원 상당의 컬러판을 내자니 추가 경비가 가당찮다는 것이다. 그러나 쌀독에 쌀을 내다 팔더라도 책은 내야 할 처지다.

그건 그렇고 이 산티아고 여행이 거의 일반화되고 너도나도 이야기를 엮어 책을 내놓으니 좀 차별화되어야 한다는 데에 또 하나의 넘어야 할 과제가 도사리고 있다.

수필의 이론에서 필자의 개성을 살린 글의 중요성을 강조하는데, 여정에 따라 천편일률적인 여행기를 쓴다면 이에 부합되지 못하게 될 것이라, 진작 몇 개의 소주제를 정해 두고 이것을 중심으로 쓸 계획을 세웠다. 이것을 대강 뽑아 정리해 보니 30~40개 정도가 된다.

우선 책의 제목을 『만남의 기쁨이여』라고 정하고 소주제를 적어 보니 34일간 낯선 스페인의 풍물이 손에 잡힌다. 그중 가장 중심이 의식주이고, 자연·사람·풍물이 들어간다.

스페인의 921.1km, 산티아고와 묵시아를 둘러오는 34일간의 여정 속에 이 소주제들을 하나씩 넣어 이야기들을 엮어 보려고 한다. 하루 30km 전후의 거리를 뙤약볕 속에서 또는 빗속에서 하루도 쉼 없이 걸어야 하는 순례길이기에 그 나날이 단조로울 것 같지만, 매일 매일이 새로운 것의 만남과 이를 통한 기쁨이 있기에, 힘들고 어려운 길이었지만 지금 생각하면 아름다운 길이었음을 상기하게 된다.

이 글이 과연 어떤 모습으로 선을 뵐지 나도 몹시 궁금하다. 올 연말이 기다려진다

(2017. 8.)

강화도 통일전망대

요즈음같이 통일에 대한 논의가 많은 기대를 갖게 한 시기도 일찍이 없었다. 그리고 거기에 대한 실망이 역으로 큰 적도 없었다. 문정권이 들어서면서 70년의 견고한 성을 허물고 북 수뇌와 만나 악수를 하고 포옹을 할 때 그리고 이러한 사실들이 실시간으로 우리에게 전달될 때 우리는 그리던 꿈, 통일이 가까이 다가오고 있다는 환상에 빠졌다.

휴전 당사국인 미국 대통령 트럼프가 군사분계선을 넘어가서 김정은을 만나 악수를 나누고, 다시 함께 군사분계선을 넘어오는 일련의 행위는 우리를 정말 놀라게 했고, 세계 관심 있는 사람들을 모두 놀라게 했으리라. 그리고 통일은 곧 이루어질 것 같은 환상에 빠지기에 충분했다. 문대통령이 우리 쪽으로 넘어온 김정은과 단둘이 다정히 대화를 나누는 이 극적인 분위기 조성은 우리에게 더욱 통일과 평화의 기대로 가슴 벅차게 했다. 만면에 미소로 두 정상이 만나는 장면은 김정은이 고모부를 고사포로 쏘아 죽이고 잔인한 숙청을 하는 인물이라고 재단하던 우리의 고정관념을 뒤엎기에 충분했다.

문대통령의 중재로 트럼프와 김정은의 첫 회담은 가히 놀랍도록 신선한 희망을 던져주었다. 그러나 하노이의 두 번째 회담에서는 아무 결말도 없이 김정은은 빈손으로 돌아갔다. 여러 번 오가면서 잘 풀릴 줄 알았던 두 정상의 만남이 두 번째 만남에서 삐걱거리고 처음 냉전의 상태로 돌아간 듯했다. 한반도 비핵화라는 구두선은 두 정상 간에 확실히 다른 꿍심으로 전락하고 말았다. 따라서 양쪽을 오가면서 중재했던 문대통령은 아무 성과도 없는 중재를 했을 뿐만 아니라 더욱 화를 부추겨 수발의 미사일을 쏘아 올리고 우리 당국자를 삶은 소대가리 같다는 심히 모욕적인 비하의 욕설을 퍼붓는 지경에까지 이르렀다.

미국의 기대도 어긋나자 트럼프의 푸대접도 여실히 드러나고 있다. 게다가 일본과의 군사협약 이른바 지소미아(GSOMIA) 파기를 선언해 놓으니 한국·일본·미국과의 삼각동맹의 축인 이 한일 지소미아협약이 깨어질 지경에 이르니 미국은 지금 대단히 손상된 얼굴로 우리를 지켜보고 있다. 행여 양국의 만남이 실패라도 할까, 한마디 대꾸도 못 하는 대통령이 되었으니 국민이 뽑아준 대통령 때문에 국민들이 이 욕을 듣는 바와 다름이 없는 치욕을 느꼈다.

미국은 유엔 결의를 통에 경제적인 장치로 북한을 억압하면서 북한에서의 완전한 핵 폐기를 기대했지만 북한은 어림도 없는 수작이라고 버티니 교착 상태가 막말로 이어지는 등 불신을 더욱 쌓아가는 꼴이 되었다.

트럼프 대통령이 북한을 통째로 파멸시키겠다고 으름장을 놓으니 속이야 어떻든지 해보라 해보라지 하는 투로 맞받아치면서, 중재를 하는 문대통령의 오지랖을 들추면서 우리와는 상대도 하지 않겠다는 으름장을 놓고 있다. 5만 톤 쌀도 안 받겠다, 금강산 관광지의 한국이 만들어 놓은 알량한 모든 시설을 모조리 싹 치워버리겠다고 지시하고 우리의 협의 제안을 거부하고는 아예 상대를 해주지 않고 있다.

할아비로부터 받은 유훈을 버릴 수 없는 김정은은 국민을 고통 속에 밀쳐 두고 이 핵으로 강대국 미국을 협박하고 우리 대한민국을 금방이라도 밀어붙일 듯이 윽박지르고 있다.

이러한 시기에 2km 거리의 바다를 사이에 두고 북과 대치해 있는 강화도 최북단 강화평화전망대를 찾은 것은 나에게 많은 의미를 던져주었다.

어젯밤에 천둥 번개에 폭우가 쏟아지더니 아침 하늘이 너무 맑아 오늘의 이 전망대 방문은 좋은 성과가 있을 것이라 부풀었는데 과연 그러하였다.

NNL은 어디에도 보이지 않았고 양안의 가르는 서해의 탁한 물줄기는 탁류가 되어 잠잠히 누워 있었다.

가곡 「그리운 금강산」이 처절히 흘러나오는 전망대 뜰에는 북한의 지형을 찍은 사진이 기다랗게 놓여 있고 그 너머로 북한의 너른 들이 산들 사이로 펼쳐져 있었다. 하늘은 맑은데도 최고의 미세먼지를 기록한다는 방송대로 송악산 개성, 개성공단의 3층 전망대의 조감도에서만 볼 수 있었다. 가까운 해안 주변의 마을을 비치된 망원경으로 보았으나 자세하지 않아 육안으로 보는 것과 별반 차이가 없다. 들은 추수가 끝나는지 회색들판이 보이고 산들은 심한 먼지에 거의 형체만 보일 뿐이다.

양안에 한 척의 배도 움직임이 없음은 이곳이 얼마나 삼엄한 경비구역인지를 실감케 한다.

그러나 오리 떼는 줄지어 남과 북의 하늘을 가르고 자유로이 오고간다. 주어진 자연은 그대로 평화스러워 보이는데 곧 전쟁이라도 일어날 듯 남북과 미국의 대치는 극에 달해있다. 다시는 전쟁이 일어나서는 안 되겠기에 서로가 만남을 놓치지 않아야겠지단, 적화통일의 일념으로 칼을 갈아온 북은 호락호락 미국의 입맛대로 될 것 같지 않다.

이제 서로의 속셈을 다 까발린 상태가 되어버렸으니, 언제까지 강화도 통일전망대로 남아 있어야 할지 기약이 없이 되었다.

수필과 삶의 정신

화전문학회 남해 탐방

지난여름은 폭염과 가뭄이 오랫동안 우리를 괴롭혀, 이제 겨울도 오지 않는 열대화가 되는 것이 아닌가 하는 기우에 빠져보기도 했다. 그러나 계절은 어김없이 가을을 이끌고 오더니 이제 옷깃을 여미는 겨울의 문턱에 섰다.

여름 더위 속에서도 애써 창작한 우리 회원들의 땀의 결실을 모아 『화전문학』9집을 묶어내니 한 해의 보람을 이제야 맛보게 된다.

지난 6월 23일에는 15명(강갑재·강달수·강평조·김상곤·김상남·김소해·노옥분·박중선·박태영·박홍배·양왕용·이숙례·정경수·정연주·황길엽) 회원이 중형버스로 우리 고향 남해의 곳곳을 찾는 문학답사의 시간을 가졌다. 남해문학 이처기 고문은 함께하지 못하는 아쉬움을 담은 글과 함께 연시조 「남해찬가」를 보내주고 차라도 마시라면서 찻값까지 보내주셨다. 남해까지 오는 차중에서 '자암 김구 선생'과 '서포 김만중' 및 '남해지역문학의 현재와 미래'에 대한 연수와 「남해찬가」를 낭송하면서 남해에 대한 정을 더 돋우었다. 노량에서는 김용엽 시인과 서재심 문화관광해설사가 현장까지 나와 모두 17명이 온종일 즐거운 문학탐방을 하였다.

평소 각자 나름대로 고향을 찾기는 하지만 이렇게 문인들과 함께 고향을 찾는 것은 남다른 의의가 있다고 생각되었다. 과연 가는 곳마다 자기 마을의 이야기나 인물들의 무용담으로 고향을 새로 배우는 시간이 되었다.

먼저 조선 전기 4대 명필이며, 정암 조광조, 충암 김정과 함께 3암으로 일컬어지던 자암 김구 선생의 유허비를 찾았다. 13년이라는 긴 세월을 적소인 이곳 노량에 기거하시면서 「화전별곡」을 지어 남해를 상찬하고 사랑한 어르신을 찾는 데는 남다른 감회가 있었다.

남해를 화전이라고 부르는 데에는 이 어른의 공이 크다 할 것이다. 그분의 내 고향 사랑의 정이 오늘 새삼스레 피어올랐다. 그의 6대 후손인 김만손이 남해 현령으로 와서 '자암 김구 선생 적려유허 추모비'를 세우고 이곳 노량에 죽림서원을 세웠다 하니 후손으로서 그 받드는 정이 오늘에도 그 본이 된다 하겠다. 그러나 아직도 그 서원의 흔적을 찾지 못하고 있으니 안타깝다.

이어 '충렬사'를 참배하였다. 비각 위의 현판 '補天浴日'의 의미를 되새기며 나라를 구하신 큰 뜻에 다시 한번 고개를 숙였다.

'처음 적당히 싸우면서 소극적이었던 명나라의 진린 장군이 자기의 공을 내세우기 위해 왜구와 협상하고 그들이 도망치도록 도와주는 행위를 하자, 이순신이 이 전쟁은 왜구가 명나라를 치기 위해 길을 빌려달라고 하여 그렇게 할 수 없다는 조선의 의리에 의해서 시작되었다.'고 하자 적극적으로 힘을 모으고 결국 이순신이 순국하자 자기 황제에게 '이순신은 經天緯地의 재능과 補天浴日의 공이 있다.'는 글을 올렸다 한다. 이에 이순신 장군의 인품과 나라 사랑의 의지를 다시 읽을 수 있었다. 비각 뒤에는 장군의 가묘가 있는데 전사 후 잠시 이곳에 모셨던 곳이다. 그렇게 보면 남해는 나라를 지킨 최후의 보루라 할 것이다

망운산을 돌아 서면에서 먹은 회국수는 더위를 식히고 그 맛이 일품이었다.

'남해유배문학관'을 둘러보는 시간은 우리 남해가 문학의 보고임을 느끼는 시간이었다. 송강·고산의 문학이 유배지에서 탄생했듯이 우리 남해를 거쳐 간 수많은 유배객들의 문화유산을 남해의 큰 자랑으로 끌어올려야 할 것이다.

노도로 가는 배를 기다리는 시간, 뜻밖에 장충남 군수 당선자께서 우리 일행을 맞아주었다. 인수 준비에 바쁠 터인데도 고향을 떠난 문인들을 위해 먼 길을 달려온 따뜻한 정에 모두 감사의 뜻을 표했다. 문학인 예술인을 사랑하는 지도자. 우리도 남해를 위해 무언가를 해야겠다는 생각들을 되새겼다.

노도는 여러 차례 찾아왔지만 항상 새로운 의미로 다가온다. 서포 선생의 가묘까지는 가지 않았지만, 중턱의 초가집 자리에서 잠시 시간을 보냈다. 새로 정비할 모양으로 집은 헐어지고 널찍한 대지가 새 치장을 기다리고 있었다. 이곳 섬 중의 섬 노도의 위리안치 속에서, 유복자로 태어난 서포는 얼마나 답답한 나날을 보내며 홀어머니를 그리워했을까? 틀림없이 이곳에서 『구운몽』을 구상하고 집필했으리라 확신한다. 앵강만 건너편 10시 방향에 보이는 호구산 아래 용문사가 있고 그 아래 용소와 석교마을이 있으니 구운몽의 배경이 되었던 것이다. 이는 이미 김무조 선생의 박사논문에

최영 장군의 사당 무인사에서 미조항을 배경으로

서도 밝히고 있다.

20여 년 전 이곳 마을의 배를 구해 노도에 건너가 보고 그 뒤 몇 차례 찾아와 두모의 정노인집 2층에서 감회에 젖어 적어본 노도의 서포를 노래한 시조가 있다.

서포를 생각한다 그가 지금 내 곁에 있다

어둠을 가르는 밤 뒷산 그 짙은 솔숲에서 바람은 무서운 소리로 몸을 풀고 있다 고독과 어둠만이 오직 그의 벗 어느덧 팔선녀(八仙女)가 아미를 숙이고 부복한다 잡힐 듯 잡히지 않는 환영의 밤 어둠은 달아나고 성진이가 소리친다 서포~ 서포~ 메아리가 돌아온다 허전한 밤이 허전함을 일깨우고 구운몽(九雲夢)을 낳았다 그리고 밤은 소리 없이 간다 바람은 어디서 오는가 또 내일 밤이 두려운 서포가 지금 내 곁에 누워 있다

노도의 푸른 파랑이 인광을 흩날리며 포효한다

–「서포를 만나다」 전문

서포의 문학이 남해의 유배문학관을 낳는 산파역을 했다면, 자암은 화전별곡으로 화전(花田) 남해를 보물섬으로 만들었다. 당대에는 나라의 죄인이었지만 역사적 피해자였지 파렴치한 도척은 아니었다. 이제는 남해의 크나큰 가치로 새로운 매김을 해야 한다. 이 분들을 오늘에 살리고 펼치고 알리고 넓히는 것은 현재 우리들의 몫이다. 오늘의 고향 탐방은 우리에게도 문학적 채찍으로 다가왔다.

(『화전문학』 9집 권두수필)

나의 등단 전후

월간 『수필문학』에 「개타령」이 통권 158호(2003. 9)에 초회 추천을 받은 지 18년째가 된다. 『뻐꾸기 유감』(2005. 10)으로 추천 완료되어 등단 인증패를 받던 때의 모습이 어제 같다. 이제 통권 342호(2020.9)가 되니 어느새 중간의 위치를 넘어섰나 보다. 지방의 문단이 아직 영성하고 등단할 지면이 마땅치 않고 기왕이면 큰 바다에서 놀자는 뜻으로 명망 높은 월간 『수필문학』의 문을 두드렸던 것이다. 초회추천 후 남원에서 연찬회에 초대되어 300여 명이 모인 자리에서 인사를 하고, 일사불란하게 추진하는 단합된 모습을 보고 기쁘고 자랑스러운 마음을 가진 기억이 새롭다. 열성과 기백이 대단한 단체라는 것을 알게 되었다.

2020년 올해. 어려운 여건에서도 한 호도 결호가 없이 30년을 헤쳐 왔으니 그 뒤에 숨은 많은 분들의 노고를 생각지 않을 수 없다. 특히 갈석 강석호 회장님의 첫 만남과 그간의 수필 사랑의 깊은 애정은 나의 뇌리에 올곧게 각인되어 있다. 천국에서도 우리의 길을 지켜보시면서 발전을 위해 기도하고 계시리라 믿는다.

부산에서도 이곳 『수필문학』을 통해 등단한 34명의 작가들이 『수필문학부산작가회』를 결성하여 『수필문학21』이라는 제호로 올해 22집을 발간하게 된다. 그동안 중추적 역할을 해 오신 현봉 이병수 선생께서 타계하시고 나니 한쪽 날개를 잃은 듯 앞길이 힘들어 보인다. 90노구에도 참석하시어 힘을 주시던 모습에 숙연하기까지 했다. 그동안 여섯 분 작가들은 서울·경기·경남 등지로 부산을 떠나시어도 작품을 보내 주시는 분이 세 분이나 계신다. 건강상 이유로 활동을 하지 않는 분들도 두세 분 계신다. 갈수록 활동 인구가 적어지는 것이 걱정이다. 부산문단이 활성화되고 등단의 문호가 넓어지니 『수필문학』을 통해 서울로 등단하는 이가 거의 없어 회원 확보에 많은 애로를 느낀다. 그러나 남아 있는 열일곱 분이 힘을 모아 정예부대를 이끌고 나간다면 질 높은 『수필문학21』을 계속 만들어 나갈 수 있을 것이다. 부산에 계시면서 참여하지 않는 회원들께서도 심기일전 함께 참여해 주실 것을 갈망한다.

그동안 『수필문학』을 통해 등단한 중진 작가들의 작품과, 전국의 유수한 작가들의 작품도 초대하여 우리 회원지의 질적 제고와 다양한 편집을 시도하고 있다. 공동제 수필, 단수필, 다시 읽는 나의 작품 들의 지면을 통해 재미있고 읽을거리가 있는 전통 있는 문학지로 만들어 갈 것이다.

우리의 모태인 『수필문학』의 강병욱 발행인과 『한국수필문학가협회』 오경자 회장의 새 진용이, 갈석 강석호 선생의 유지를 잘 이어 갈 것으로 확신하며, 이의 발전에도 미력하나마 힘을 쏟을까 한다.

수필가의 탤런트

더위가 가실 것 같지 않더니 계절은 어김없이 가을을 이끌고 온다. 아침저녁으로는 제법 선선한 바람이 불고 하늘은 더없이 높아진다.

28호 가을호에는 지난여름 무더위를 헤치고 땀방울 흘리면서 쓴 작품들이 빛을 발할 것이며, 우리 회원들이 그동안의 작품들을 정리하여 이 가을 산뜻한 신간 수필집을 선보여 우리를 즐겁게 할 것이다. 몹시 기다려진다.

계간 출발 3년째, 자리를 잡아가면서 우리 작품의 양과 질도 높아지는 것 같아 흐뭇하다. 2016년에는 총 1,156쪽에 300편의 작품이 빛을 보게 되었고, 2017년의 작품도 작년 수준을 넘어서는 발전을 보이고 있다. 이는 오로지 수필가에게 주어진 탤런트를 충실히 쓴 성실한 우리 회원들의 땀방울 때문이다.

'능력에 따라 받은 탤런트를 배로 늘린 충실한 종' 이야기에서 수필가로서 자신의 탤런트를 충실히 사용한 면면들을 『부산수필문예』에서 보는 즐거움은 참으로 크다. 글을 읽으면서 다정한 누이요 형이고 아우며 동기 같은 일체감을 느낀다. 바라기는 우리 부산의 수필가들이 우리와 같이 '수필문인협회'의 주인이 되어 함께 부산수필문학의 지평을 넓혀 갔으면 하는 욕심이다.

이제 수필이 문학 장르에서 서자 취급을 받는 시기는 지나갔다고 본다. 혹자는 '우후죽순처럼 등단 작가들이 양산된다.'고 하지만 능력을 갖춘 작가들이 많이 나온다면 그만큼 사회는 아름다운 세상이 될 것이라고 늘 생각하고 있다. 온 국민이 모두 수필가가 되면 어떤가? 모두가 자기를 치유하고 남을 위로하는 글들을 쓴다면, 그리고 오늘처럼 어지러운 시대와 사회를 맑히고 밝힌다면 그 자체로써 문학적 사명을 다하고 있다고 보기 때문이다.

우리 수필가는 그런 사명감을 가지고 글을 구상하고 적절한 언어를 찾아 고민하고 나에게 주어진 수필가의 '탤런트를 묻어두는 어리석은 종'이 아니라 더 풍부히 늘려가는 충실한 수필가가 되어야 할 것이라 생각한다.

그동안 편집에 수고해 주신 편집진이 이번 호부터 바뀌게 된다. 그간의 수고에 깊은 감사와 존경의 마음을 드리며, 새 편집진에 회원 여러분의 각별한 협조와 격려를 부탁드린다.

(『부산수필문예』 권두사)

나의 문학 나의 공간

나의 문학

호월(湖月) 정인구(鄭仁求) 선생

나의 선친께서는 아호를 호월(湖月)로 쓰시었다. 일본 유학시절부터 문학에 심취하여 해방 후 고향 남해에서 교편을 잡으시면서 많은 시와 산문을 쓰셨다. 그 원고가 안방 장롱에 가득 들어있는 것을 본 기억이 칠십 년 가까운 세월이 흘러도 생생하다. 아호를 언제부터 쓰셨는지 여쭈어보지 못했지만, 펜으로 시들을 적어 놓은 낡은 대학노트에 이것이 발견되는 걸 보아 일찍이 젊은 시절에 이미 이 호를 쓴 것으로 보인다.

남해에서 부산으로 다시 남해로 또 부산으로 오가는 사이에 많은 작품들이 망실되었다. 아마도 아버지의 욕심대로 문학에 몰두했다면 일곱 자녀를 제대로 건사하지는 못했을 것이다. 그래선지 우리가 어렸을 때 아버지께서 약주를 들고 오신 때면 “너희들 어서 커서 아버지 문학을 좀 하게 해다오.” 하시며 속마음을 토로하시곤 하셨다. 장남인 나는 다른 형제들보다 이것을 잘 기억하고 있다.

진갑을 지내시고 교장으로 계실 때 남은 글들을 모아 주시기에 우리 형제들이 『갈대의 노래』라는 제목으로 문집을 내어드렸다. 아버지는 매우 만족해하셨지만 젊은 시절의 불타는 열정을 아마 아쉬워했으리라 생각해 본다.

이 속에는 시와 산문, 단편소설, 논문 등 모든 장르의 글들이 실려 있다.

나의 어린 시절 문학

내가 첫 시를 쓴 것은 초등학교 5학년 때였는데 아버지가 담당하는 특활부서 문예반에 들어가서였다. 「시계」라는 제목으로 쓴 시로 수상한 것이 기억되는데, 아마 아버지의 덧칠이 작용했으리라 본다. 중학교 시절에는 선생님들의 지도로 독서 계획을 세우고 많은 책을 읽고 수첩에 읽은 것을 요약해 두기도 했다. 이때 체계적 독서 지도가 되었더라면 좋은 책에 접근했을 것이다. 젊은 시절에 남독(濫讀)을 하는 것은 독서 발전에 도움을 주지 못한다.

고등학교 입학과 동시에 부친이 다시 남해로 좌천되면서 나는 3년간을 중학교에 입학한 동생과 함께 자취생활을 하였다. 책을 사 볼 여유가 없어서 학교 도서관이 나의 안방처럼 되었다. 이때 구연식, 박철석, 강용권 선생님들을 만나 국어와 국문학의 정수를 익혔다. 밥해 먹고 공부하고 이런 바쁜 생활을 하면서도 일기를 썼다. 지금도 나의 책장에 이것들이 낡은 몸으로 자리 잡고 있다. 때로는 나태한 나를 위하여 일기장을 펼치며 어려운 시기의 삶을 되돌아보기도 한다.

일기란 타임머신이라는 신비를 준다. '1962년 8월, 차비 5원, 노트 3원, 찬거리 7원, 사과 2원, 우표 4원, 엿 2원…' 1962년 일기장(고2)에 실려 있는 소중한 나의 기록들이다. 입시공부에 매진하면서도 간간이 책들을 읽었다. 『삼국지』, 『서유기』 등의 작품도 이때 독파했다.

교육대학에 들어가서 루소의 『에밀』을 들고 뒷산에 올라 교사의 꿈을 키우면서 역시 도서관을 자주 드나들었다. 대학교 2년은 140이라는 무시무시한 학점에 정신 차릴 겨를이 없었다. 이때 필드하키를 하면서 45회 경기도 인천, 46회 전남 광주의 전국 체육대회에 부산 대학부 대표팀으로 다녀왔다. 이것은 내가 지금까지 운동을 좋아하고 건강을 유지하는 좋은 체험이었다고 생각한다.

체계적 문학 수업

초등학교 근무를 하는 동안, 독서지도에 임하면서도 자신의 한계를 느껴, 근무 10년 차 되는 해에 국어국문학과에 편입을 하고 본격적인 문학 수업을 하였다. 구연식, 강용권 선생님을 대학에서 다시 만나는 기쁨을 누렸다. 75년 부산대학교 정년퇴임을 하고 동아대학교에 출강하시던 요산 김정한 선생님을 만난 것은 나의 문학 방향을 소설로 가게 하는 계기가 되었다.

20대 젊은 나이에 내 고향 남해에서 교편을 잡는 동안(1933~1940) 소설 『사하촌』(1936)이 조선일보 신춘문예에 당선됨으로써 문학의 튼튼한 바탕을 만들었기 때문에 남다른 애정을 가진 곳이 되었을 것이다. 내 아버지를 가르치셨고 이제 대를 이어 나도 선생님의 지도를 받고 있으니 선생에 대한 나의 존경심은 남달랐다. 아내 될 사람과 함께 부산형무소가 있던 자리의 삼익아파트 선생님 댁을 방문하여 결혼 주례로 모시기도 했다. 이 시기에 정비석의 『소설작법』을 여러 번 읽고 숙독하였다. 그리고 이어서 소설습작을 시작하였다. 요산 선생의 영향이 커서 그분의 저서를 열독하고 요산 『김정한론』을 졸업 논문으로 쓰기도 했다. 이후 「김정한 소설의 문체연구」와 「채만식과 김정한의 속담 비교연구」를 발표하여 선생의 문체에 대해서 연구를 하였다.

박사학위를 준비하면서도 요산 선생의 댁으로 자주 찾아가서 주제를 의논드리기도 했다. 석사 박사 논문을 소설로 하게 된 것도 요산 선생의 영향이었다. 그러나 소설을 쓰는 것은 선생님께 한 약속을 어기게 된 것이다. 몇 편의 습작 소설도 영영 빛을 보지 못하고 말았다. 부산대학 교육대학원에 등록하면서 소설을 연구과제로 선정하여 김중하 선생님의 지도를 받았다. 일제의 질곡 속에서도 당시대를 폭넓게 조명한 작가 염상섭을 연구하기로 하고, 일단 그분의 작품을 찾아 읽기 시작하였다. 이때 부산 시내의 고서점을 빠짐없이 뒤지면서 선생의 작품과 연구 자료들을 발굴하려고 하였다. 지금도 한 줄의 쪽지도 소중히 여기고 한 권의 책을 버리지 못하는 것은 이때 어렵게 자료를 찾던 체험 때문이었다. 석사 논문으로 「염상섭 소설에 나타난 사회의식의 변용」을 주제로 발표하였다. 『표본실의 청개구리』의 개인의식이 『만세전』의 사회의식으로, 이어 『삼대』에서 역사의식으로 발전하는 염상섭의 소설의 변화를 연구를 하였다. 김 교수께서 작은 세 편의 논문이 될 것이라고 언질을 주셨지만 차일피일하다 실천하지 못했다.

내친김에 박사과정을 마치고 「채만식 소설의 인접장르 수용 양상」이란 주제로 최상윤 선생의 지도를 받아 동아대학교에서 학위를 었었다. 채만식을 풍자작가로 연구하는 것은 많으나, 그분의 작품 속에 나타나는 고전문학의 패러디 현상과 또 풍자를 효과적으로 표출할 수 있는 속담 사용의 문제, 30여 편의 희곡을 통해 소설적 표현을 더욱 발전시킨 작가의 의식 등을 살펴보았다.

1980년도부터 고등학교로 자리를 옮겨 근무를 하면서 야간에는 동아대학교(3년, 1986~1988), 동의대학교(23년, 1986~2005, 2011~2013)에서 강의를 하였다. 고등학교에서는 입시보다 취업을 위주로 하는 실업학교였으므로 문학을 주로 맡아 지도하면서 교학상장의 진수를 맛보았다. 문예부를 맡아 교지를 내면서 작품의 교정 작업 등을 통해 문학수업을 할 수 있었고 교지에 많은 기행수필과 산문을 싣기도 하고 특히 이때 시조 창작에 심혈을 기울였다. 그러나 주야로 강행군을 하는 중에 작가로서의 길은 나의 염두에서 멀어졌다.

1986년도에 시인 이해웅 형과 함께 전주에서 전북대학인문대학장으로 있는 최승범 박사를 만난 뒤, 서로 문통을 하고 최 박사의 요청에 의하여 1988년 『전북문학』에 시조 다섯 편을 발표하면서 문단의 말석에서 기웃거리게 되었다. 이 지면을 통해 지금까지 30여 편의 시조를 계속 싣고 있어 나의 문학발전에 큰 도움이 되고 있다. 최 박사께서 여러 차례 등단을 종용하셨으나, 시조는 계속 써 나가면서도 차일피일하면서 등단에 생각이 없었다. 결국 20년이 지난 2007년에 서울의 계간 『시선』을 통해 등단하였으니 만시지탄이 있다

수필 동인지 『길』 발간과 동인 활동

2002년 대학 은사이신 일사 천두현 선생님께서 수필 동인지를

만들어 보자고 하여 신라대 이규정 교수님과 몇 차례 만나면서 이듬해 수필동인 『길』을 결성하였다. 동인으로 이해인 수녀, 김정자 교수, 박송죽 시인, 황소지 수필가 등 여류 네 분과 황선영, 주상대, 김재환, 정경주, 이규정, 천두현 등 대학교수 여섯 분, 최화웅 이문섭 두 분의 언론인 출신과 소설가 김상원 그리고 나를 포함하여 14명이 2003년 8월 『길』 창간호를 상재하였다. 이 일을 계속 맡아오면서 24호까지 편집과 출판을 도맡아 왔다. 이것이 계기가 되어 서울의 월간 『수필문학』에 「개타령」으로 초회(2003), 「삐꾸기 유감」(2005)으로 2회 추천을 통해 등단했다. 시조를 먼저 준비하려고 했으나 길동인 작업을 시작하면서 수필로 등단을 먼저 하게 되었다.

이밖에도 『수필문학』으로 등단한 부산 출신 작가들의 모임인 '수필문학추천 작가회'의 회원으로 7년간 회장직을 맡으면서 동인지 『수필문학21』 출간을 주관하였으며 지난해 장봉천 사무국장께 회장직을 넘겨주었다. 이곳 출신 사백여 명이 운영하는 수필문학추천작가회와 부산시조시인협회, 부산문인협회의 부회장직을 아직도 맡고 있다. 내가 등단한 월간 『수필문학』을 발행하는 교음사는 주소지가 서울이어서 자주 회동은 못하나 일 년에 2, 3차례 올라가기도 한다. 그밖에 동인지로 시와 인식의 회원으로 활동하고 있다. 회장을 거친 부산가톨릭문인협회에는 자문위원, 기장문인협회, 수필문학부산작가회, 재부 남해 출신 작가모임인 화전문학회에는 고문으로 활동하고 있다. 수필과 시를 동시에 하는 관계로 역할을 맡은 것이 많아 힘들지만 그런대로 작은 봉사를 하고 있다는 마음을 가지지만 미흡하기 이를 데 없다.

시조와 수필 등단

1991년 교지에 실었던 「개타령」을 손을 보아, 2003년 서울의 월간 『수필문학』에 초회추천으로 당선되고, 역시 교지에 실렸던 「삐꾸기 유감」으로 2005년 추천완료로 등단의 반열에 서게 되었다. 관심을 가졌더라면 15년은 더 빨랐을 것이고, 더 서둘렀다면…, 글쎄다.

2007년 서울의 계간 『시선』을 통해 정공량, 최승범의 추천으로 시조 등단을 마치고 같은 해 첫 시집 『사랑에 관하여』를 상재하였다. 시조에 대한 사랑은 강용권 교수님의 시조론 강의에서 힘을 얻어, 1975년 첫 시조 「태양」을 지었는데 이것이 교원 작품 공모에 최우수가 되어 고무된 바가 있었다. 특별한 지도와 연찬이 없었는데도 시조가 가진 율격이 내 성정에 맞아서일까? 이어 교원 백일장에서도 세 번을 입상 가작으로 뽑히기도 하였다. 등단과 함께 작품집을 낸 것은 그동안의 습작을 통해 작품이 많이 모였기 때문이다. 지금 와서 생각하니 '왜 진작 등단하지 않았을까.' 하는 후회와 함께 젊은 문학 지망생들에게 가능한 속히 등단을 거쳐 책임 있는 글들을 쓰도록 권하기도 한다.

2008년 퇴임을 가까이 두고 수필과 시조의 등단을 마침으로써, 퇴임 후의 내 삶의 방향이 명확해졌다고 할 것이다. 퇴임을 하고나니 그동안 핑계를 대며 미루어 왔던 문학 관련 업무들이 하나둘 나에게로 와서 한때는 힘들었으며, 봉사에 임했으나 나의 창작을 위한 관심과 노력에는 많은 영향을 주었다. 가톨릭문인협회, 수필문학 부산 작가회, 기장문인협회, 화전문학회 등 동인지들의 회장을 맡았고 여러 문학단체의 부회장 이사 등을 맡아달라는 청에 거절도 못하고 이것저것 맡다 보니 힘이 들기도 했으나, 그동안 늦깎이 문학도로서 성실히 봉사하려고 애쓰고 있다.

문학적 바탕

어릴 때부터의 문학적 기회는 알게 모르게 감성을 자극하고 문학적 자질을 드러내는 기회가 된다. 문학적 바탕은 선천적으로 누구나에게 부여되어 있다고 본다. 어떻게 이것을 펼칠 기회가 주어지느냐에 따라 문학적 공간이 만들어지며 자신의 시간과 노력을 투여할 때 비로소 문학의 지평이 열리는 것이라고 생각한다. 나의 지나온 삶을 돌이켜보니 문학을 위한 부단한 노력이 연결되어 있다고 생각한다. 요즈음 많은 작가들이 나오는 것을 걱정하지만 감수성이 남다른 중고 시절에 한 번쯤 시인이 되지 않은 사람이 없을 것이라 생각한다. 아이들을 키우느라 힘을 쏟던 주부들이 문학적 감성을 되살려 전문가의 지도를 받고 많은 사람들이 등단을 하게 되는데 이것을 우리문학의 질적 저하라고 매도하지 말고 우리문학의 지평이 더욱 넓어지고 풍성했다는 긍정적인 것으로 받아주는 것이 마땅할 것 같다.

비로소 찾은 문학 공간

- 20층 작은 우주, 펜트하우스

2008년 정년퇴임 후 이곳 정관으로 들어온 것이 고맙게 내 문학의 공간을 마련해 주는 계기가 되었다. 최상층 지붕 밑 방이 있는 이른바 펜트하우스가 추첨됨으로써 그동안 집 안 곳곳을 숨 막히게 하던 책들에 대한 아내와의 전쟁이 종결되는 계기가 되었다. 2층으로 모두 올리고 나니 1층 거실은 넓은 공간이 시원스레 마련된 것이다. 내가 보기에도 좋았다. 내 문학의 산실은 이곳이 된다.

이곳에 자리를 편 뒤 11년 만에 다섯 권의 수필집과 두 권의 시집이 출간되었으니 이 공간은 나에게 무척 소중한 곳이 되었다. 글을 쓰거나 생각을 골몰히 하여 지치면, 문을 열고 나가 다섯 평 테라스에 심어둔 식물들과 대화를 나누고 가슴을 펴고 몸을 푼다. 비가 내리면 잎사귀에 떨어지는 빗소리가 간지럽다. 나는 몸을 돌려 빗소리에 취해 한없는 상념에 잠긴다. 깻잎과 풋고추를 따고 잘 자란 오이는 곧 우리 식사의 소중한 먹거리가 된다. 매화꽃을 필두로 개나리, 앵두, 석류, 옥잠화 꽃이 피고 가을이면 국화와 코스모스도 피어난다. 나의 작은 우주이다. 시원하게 물을 주고 발등을 적시면서 20층 내 작은 우주에 감사를 드린다.

자연 속의 정관천

2009년 2월 20일. 자족신도시 정관으로 이사 올 때는 공사를 기다리는 빈 땅들의 메마른 잡초들이 바람에 나부끼고 을씨년스러웠다. 이제 겨우 다섯 곳의 공사가 끝나 막 입주를 하는 때라 도시는 황량했다. 19층 우리 아파트도 두세 집이 이사를 왔으니 더욱 그러했다. 대낮처럼 환한 가로등은 너무 아깝다는 느낌을 어쩔 수 없었고 차량들은 간간이 지나다녀 어느 시골에 온 것 같았다.

그러나 빈들을 걸으면서 짚을 태우는 연기가 낮게 깔려 피어오를 때 맡는 구수한 냄새는 어린 시절의 향수를 불러일으켰고 대보름날 넓은 공터의 달집놀이는 내 정서에 깊은 자극을 주었다. 봄이 오면서 솟아오르는 이파리들과 들꽃들과의 만남은 비로소 잊었던 자연을 찾는 기쁨을 주었다. 정관을 가로지르는 정관천의 맑은 물과 수없이 헤고 있는 물고기들, 흐르는 시냇물 소리는 나를 사로잡

맑은 정관천의 이른 아침

았다. 비로소 정관은 나의 포로가 되었다. 아니 나는 정관의 포로가 되었다. 어느덧 이곳이 나의 감성을 깨우치는 문학적 공간이 되고 사랑을 나누는 메신저가 되었다.

나는 매일 이 천변을 걷는다. 이사 올 때 손가락만 하던 물버들이 한아름이 되었고, 팔뚝만 한 잉어들이 유유히 헤고 수많은 피리들이 물살 따라 유영을 한다. 이른바 '물 반 고기 반'이다. 맑은 물속에 아름다운 도시가 자맥질을 하고, 하얀 왜가리들이 수없이 날아든다. 자리를 잡은 청둥오리들이 짝을 지어 헤면서도 사람들을 두려워하지 않는다. 자연이 바로 가까이에서 살아 숨 쉰다. 숲은 더욱 우거지고 많은 꽃들이 사철 끊이지 않는다.

많은 가족들이 삼삼오오 잰걸음으로 나를 스쳐간다. 젊은 부부들이 어깨를 겯고 아이들을 앞서거니 뒤서거니 뜀박질한다. 희끗한 노부부가 손을 잡고 다정히 걸어간다. 자전거를 탄 젊은이들이 잘 정비된 자전거 길을 신나게 달린다.

자연 속의 사람들은 생기가 넘친다.

이렇게 아름다운 문학공간이 어디 있으랴!

모든 시인이 시조 짓기를

시조의 바다에 헤어 간다는 것은 나에게 있어선 그 자체가 큰 행운이다. 초등학교 근무 10년 차인 1975년 동아대학에 편입하여 청천 강용권 선생님께 시조론을 공부하면서 처음으로 지은 시조 「태양」(1975년)이 교원 작품공모에 최우수상을 받으면서 시조의 바다를 뛰어든 것이다. 그 후 살매 김태홍 선생께서 교육청에 근무할 때 시작한 교원백일장에 한 번의 장려상(1977년), 두 번의 가작(1978, 1979년)을 받은 것 등이 미약한 내 시조의 실천적 시작이었다. 여기엔 국문과 수학을 종용한 벗 초계 임종찬 군의 끈질긴 설득이 있었고, 부산교육대에서 함께 수학하고 대학에 같이 편입하여 공부한 학형 주강식 교수의 영향이 있었다. 교원 백일장 출신들 중심으로 모여 만든 것이 시조 동인 '볍씨'로 알고 있는데, 대학원의 석박사 과정과 야간대학 강의를 맡는 등 주경야독의 바쁜 시간을 보내느라 동인과 함께하지 못한 것이 지금도 아쉽다.

1980년 고등학교로 옮기면서 문예반을 맡으며 시조에 관심을 두고 가르치고 연연하면서 많은 습작을 하였으나, 등단은 먼 남의 이야기로 알았다. 1986년 여원(黎園) 이해웅 선생과 전북대학의 고하(古河) 최승범 선생님을 만나면서 『전북문학』에 그동안 지어 놓은 「물」, 「태종대」, 「목련화」, 「대왕암」 등을 발표하면서 시조의 바다를 다시 유영하게 되었다. 그동안 20여 편을 투고하여 왔다. 고하 선생께서 등단을 여러 차례 종용하셨으나 일상에 헤매다가, 2003년 수필동인 길을 발기하고 수필에 등단을 하면서 시조는 뒤로 밀려 2007년에야 『시선』을 통해 등단의 과정을 밟았다. 30년 만의 기지개였다. 부족하나마 한국시조 부산시조의 말단에 서서 즐거이 시조와 만나고 있다.

우선 우리의 전통시가인 시조의 식구가 된 것도 기꺼운 일인데 부산시조의 큰 직책을 맡아 함께하고 있으니 더욱 기꺼운 일이라 여긴다. 어느 문학단체보다 우리 것이라는 일체감이 모든 시조시인들에게 깊이 각인 되어 있어 결속력과 끈끈하고 따뜻한 동류의식으로 포근함을 주니 시조야말로 나의 좋은 벗이다. 돌이키면 더 좋은 작품으로 한 장의 벽돌도 쌓지 못하는 것이 아쉬울 뿐이다.

시조에 대한 나의 생각은 생명과 함께할 버릴 수 없는 나의 친구요, 나의 반려자다. 우리 것을 지킨다는 일념이 있고 모든 시인들이 이 시조에 관심을 가졌으면 하는 바람이 늘 아쉬움으로 남는다. 흔히 '시조 시인들은 시를 쓸 수 있지만 시인들은 아무나 시조를 짓지 못한다.'고 한다. 시인이라면 우리의 전통시가인 시조를 짓고 관심을 가졌으면 하는 마음이 강하다. 잘 짓고 못 짓고는 그다음의 문제다.

첫 시조집 『사랑에 관하여』 제 2시조집 『그리움은 어머니다』 제 3시조집 『가고파를 부르며』는 모두가 일관된 것이 자연에 대한 눈

뜸이라 하겠다.

시조의 형식에 대한 것은 정형의 자수율을 잘 지켜야 한다는 것에 관심을 가진다. 이것은 시조를 가르칠 때도 기본적인 자세라고 생각하며 나의 창작도 이에 충실하려고 한다. 그러기 위해 압축된 시어를 애써 찾는 데 노력을 게을리하지 않는다. 3장 6구 45자 내외는 정형의 기본으로 삼고 '초장의 열고, 중장의 펼치고, 종장의 닫는' 3장의 흐름을 늘 염두에 둔다. 각 구의 배열에도 각별히 유의한다. 이는 시조 낭송에서도 유념하는 부분이다.

내용은 주제 문제이다. 항상 신선한 주제를 찾아 나선다. 좋은 착상은 단수로써 귀결된다.

(『小 시조집』 중에서)

창립 30년을 맞으면서

'부산가톨릭문인협회'가 고고성을 울린 지 30년이 된다. 한 세대가 되는 긴 세월이다. 그간 문인으로서 또 주님의 사도로서 문인협회와 함께해 온 세월을 돌이켜보니 많은 감회가 일어난다.

그동안 회를 이끌어 온 회장님을 비롯한 임원들의 말 없는 봉사와 희생, 거기에 여러 회원들의 신심을 바탕으로 한 작품 창작이 모여 훌륭한 작품집을 만들고, 일치된 신앙을 바탕으로 한 문학인으로서 사랑과 도움을 받은 것을 잊을 수가 없다. 부족한 사람이 회장직을 수행한 시기와 25년사 발간의 책임을 맡아 여러분과 함께 노력한 일, 공모전을 통하여 선발된 우수한 작가나 시인이 회원으로 함께하여도 연간지로서는 등단이 되지 않아 다시 등단의 과정을 밟는 어려움을 타개하기 위해 계간지를 만들 결심으로 추진해 온 일들이 기억에 새롭다.

1. 제13대 회장직을 맡다

2010. 12. 10 ~ 2013. 1. 10까지 2년여 회장직을 맡았다. 그 이전 2년 동안 수석 부회장의 직책을 맡아 회장님을 적극적으로 도와 왔

지만 막상 회장이라는 직책을 맡는다는 것은 큰 부담이었다. 오랫동안 회의 발전을 위해 애써온 많은 분들의 면면이 떠오르면서 극구 사양할 계재였다. 그러나 직책이 주어지니 송구스럽기도 하고, 역대 회장님들의 해 오신 일에 누가 될까 걱정이 되면서도, 항상 낮은 자세로 심부름하는 일꾼이 되자는 각오로 임무를 맡으려는 초심을 지키는데 나름대로 노력했다고 생각한다.

회장을 맡았던 기간에 『부산가톨릭문학』 제21집(334쪽)과 제22집(348쪽)을 발간하였다. 2010년 12월 9일 총회에서 회장으로 선임되었으며, 부회장으로 하창식·정재분·김종대, 사무국장 김병기, 총무 최순덕을 임명하였다. 4월 김병기 사무국장이 직장관계로 물러남에 따라, 부회장으로 있던 김종대 부회장이 자진하여 사무국장 자리를 맡아 겸임을 하고 6월에는 부회장으로 김재원 회원을 지정하고 인준을 받아 임명하였다. 2월에는 각 분과의 활성화를 위하여 변종환(시), 최해진(시조), 이행은(수필), 선용(아동문학), 이정승(소설) 회원을 분과위원장으로 임명하였다. 지도 신부님으로 김승주 신부님을 이어 김영곤 신부님이 오셨다.

연수회를 겸한 문학캠프와 정기 월례회

2011년 6월 강영환 회원의 연수 「톨스토이의 생애」가 한 차례 있었으며 8월 연수는 광안리 은혜의 집에서 제1회 문학캠프로 대치했는데 회원 28명 비회원 18명 등 46명이 참여하였다. 첫 행사에 많은 참석을 하여 발전의 여지를 얻었다. 2012년에는 월례회를 식사와 연수를 겸할 수 있는 광안리 은혜의 집을 모임의 장소로 정하였다. 그동안 서면 시대에서 광안리 시대로의 전환이었다. 공간의 확보로 문학에 관심 있는 일반 교우들에게도 홍보를 하여 참석하게 하였다. 2월 회원 26명·비회원 7명, 4월(문학답사 및 성지 순례) 회원 29명·비회원 11명으로 비회원 중 7명이 회원으로 입회하였다. 6월 회원34명·비회원26명, 8월 문학캠프 회원 27명·비회원 25명으로 회원과 비회원의 관심이 제고되었다. 식사와 회의를 병행하던 것을 여기에 한 시간의 연수회를 넣어 실시한 것이었다. 연구하고 공부하는 회를 만들고 뒤를 이을 문학인들을 발굴하는 데 주안점을 두었다.

고(故) 박성희 젬마 회원의 유고시집『산을 넘고 싶다』발간 기념회

2010년 3월 6일 선종한 박성희(젬마)회원의 유족이 유고집을 모아 시집을 내겠다는 청이 들어와서 준비위원회를 결성하고, 박정선 시조 시인과 유족과의 몇 차례 회동 끝에 유고시집『산을 넘고 싶다』를 발간하고, 부산일보사 소강당에서 출판 축하행사를 조촐하게 가졌다. 부산문단의 많은 회원들이 참석하고 뜻깊은 유고시집 출판회였다. 우리 회원을 위한 유고집 발간과 출판기념회는 창립 이후 처음 여는 것이었다.

제3회「주님 사랑 글잔치」

2011년 5월 6일, 제3회「주님 사랑 글잔치」공모 작품을 받아 심사를 하고, 5월 12일 10명의 회원이 교도소를 방문하여 준비한 떡을 나누면서 그들을 위로하고 시상하였다. 2012년도에는 교도소의 소장이 바뀌면서 내부 사정상 행사를 치르지 못했다. 이것은 김양희 선임 회장부터 시작한 것으로 장기 수인들의 어려움을 글로 표현하고 그들과 만남의 장을 만드는 뜻깊은 행사로써 지금도 계속되고 있다.

성지순례 및 문학 탐방

2011년 5월 28일 감곡성당, 여주 오순절 평화의 마을 방문, 상주 경천대 일원의 성지순례와 문학탐방(33명, 비회원 7명 포함)을 하였으며, 2012년 4월 15일 남원루, 최명희 혼불문학관, 곡성성당, 조태일 문학관(40명, 비회원 11명 포함) 등을 둘러보았다. 문학탐방은 새로운 창작의 구상을 하고 창작 의욕을 북돋우는 중요한 활동으로 준비에 치밀한 계획과 운영이 되어야 한다.

어우미 문예작품 심사 지원

2011년 6월 2일에는 교구 사목국에서 주관하는 노인대학 학생들을 대상으로 문예작품(어우미 문예작품) 공모에 제출한 작품을 선용 고문과 함께 심사하고 입상자들을 대동하며 거제도 일원으로 관광을 하였다. 2012년에는 선교사 목국의 방침에 따라 행사가 중지되었다. 문학 단체에서 적극적으로 지원하고 그들을 격려하는데 큰 의미가 있었으나 운영이 중단됨으로써 아쉬움이 남는다.

오순절 평화의 마을 방문

2011년 6월 11일, 오순절 평화의 마을 설립 25주년 기념식 축하를 위해 15명의 회원이 다녀왔다. 2012년에는 지도 신부님이 임지를 옮긴데다가 다른 행사들에 묻혀 찾아보지를 못하였다. 봉사자들이 쓴 수기를 심사하였는데 300여 명의 환우들을 돌보는 아름다운 시설 방문은 앞으로 계속 지원하는 사업으로 키워 가야 할 것이다.

제1, 2회 문학 캠프 실시

2011년 8월 21일에는 제1회 부산가톨릭문학캠프를 46명(비회원 18

명)이 참가하여 은혜의 집에서 가졌다. 처음 마련한 캠프로, 김종대 사무국장의 치밀한 계획과 준비로 운영이 잘 이루어졌다. 4개의 강의와 모든 행사를 집약한 52쪽의 자료집을 만들어 활용하였다. 결과는 성공적이었다는 후평이었다.

2012년 8월 18~19일, 1박 2일의 문학캠프 계획을 세워 104쪽의 자료집을 만들고, 1회 때의 아쉬움을 보완하였다. 회원 27명, 비회원 25명 등 52명이 참석하였다. 신정민 시인, 손계정 시인 등 외부인사도 강사로 초빙하여 새로운 면모를 갖추었다. 7개의 강의와 3개의 행사, 일반을 위한 백일장 등 알찬 운영을 하였다고 자평하였으나, 우리 회원들이 더 많이 참여해 주었으면 하는 아쉬움이 있었다.

제8회 부산가톨릭 문학상

2011년 10월 13일, 추천하여 올라온 제8회 가톨릭문학상을 심의 끝에 김양희, 황소지, 이원우 등 3명의 수필가에게 주기로 하고 11월 22일 푸른나무 교육관에서 시상식을 가졌다.

2012년에는 제9회에는 김재원, 김석주 시인(회원)에게 돌아갔다.

제23회 부산가톨릭문예작품 공모 시상

2011년 11월 9일 제23회 부산가톨릭문예작품 심사를 하고 11월 25일 손삼석 주교님께서 시상하였는데, 186명이 517편의 작품을 응모하여 열기가 어느 때보다 높았다. 최우수가 없어 우수 두 명에게 각각 30만 원씩의 상금이 주어졌다.

2012년 130명이 343편의 작품을 응모하였다. 숫자는 약간 줄었으나 좋은 작품들이 많았다. 김임순의 시조 『시월』이 최우수상을 받았다.

우수한 작가들은 다른 등단 기회를 가지겠지만 우리 협회에서 등단을 시키는 것이 좋겠다는 의견이 많았고 그러자면 계간 이상의 잡지가 되어야 하므로, 앞으로 그 방향의 발전을 모색해 보자는데 합의를 보았다.

새 회원 입회

2011년도에 새 회원으로 김성희(수필), 전준호(수필), 김정희(시), 이정승(소설), 이정애(시, 수필), 오지영(시), 장현선(시), 정효모(시, 소설), 김태수(시, 수필), 김서영(시) 등 10명이 가입하여 100명의 회원이 되었다.

2012년도에는 새 회원으로 김천희(시), 김경덕(시), 김희진(시), 박윤철(시), 조수선(시), 최영순(수필), 최화수(소설), 현애자(수필), 김욱희(수필) 등 9명이 가입하고, 강영환(시) 회원이 선종하여 108명의 회원이 되었다.

많은 행사를 치르면서 무엇보다 참여가 중요함을 절감하였다. 모처럼 세워놓은 좋은 계획과 자료집도 회원들의 참여가 없다면 얼마나 허탈한가. 다행히 문학에 관심을 두는 많은 비회원들이 갈수록 관심을 가지고 참여하고 있으니, 우리 협회의 내일이 밝다고 하겠다. 우리는 신앙을 제일로 삼으면서 문학을 이 진리 속에서 구현하는 사람들이라고 본다면, 신앙의 투철한 정신으로 우리회의 모임에 한 사람 한 사람이 유념하여 참석해야 할 것이다.

특히 다른 문학단체에 참여하면서 모든 장르의 회원들이 모여 매우 이질적이지만, 하느님의 진리를 따르는 같은 길을 가는 종교인으로서 어떤 단체보다도 정신적 결속이 더 크다고 본다. 회를 사랑하고 애써 참여하여 더욱 발전시키는데 내가 주인이 되어야 할 것이다.

그동안 많은 지원으로 도와주신 회원 여러분의 희생과 봉사에 감사드린다. 아울러 함께 일을 꾸려온 임원들의 노고와 더불어 특히 새로운 기획으로 우리 모임의 방향을 일신해 온 김종대 사무국장의 노고에 감사드린다.

회장이란 봉사의 직책을 더욱 충실히 못한 점은 앞으로 회 발전을 위한 봉사에 미력이나마 애쓸 것을 다짐한다. 우리회의 사단법인화를 통한 회비 및 찬조금의 세무회계 처리, 앞으로 계간지로 발전시키기 위한 지속적인 노력을 해왔다. 다음 회장단에 기대를 걸어본다.

2. 25년사 발간

창립 사반세기를 맞는 2013년에는 25년사를 발간하기로 했다. 김양희·김종대·선용·윤미순·황소지 회원을 편집위원으로 맞고 정경수가 편집장으로 책임을 맡아 12월부터 김종대 회원의 사무실에 임시 편집실을 차리고, 『부산 가톨릭문인협회 25년사』 편집에 들어갔다. 협회 사무실이 없는 관계로 그동안의 제반 서류들이 제대로 정리가 되지 않아 자료를 정리하는 데 무척 어려움을 겪었다.

25년 동안의 화보를 전 회원들에게 수소문하여 가까스로 '사진으로 본 25년'으로 연도별 정리를 마쳤다. 그동안의 연혁을 정리하고 고창표·안셀모 회원께서 창간호로부터 23집까지의 『부산가톨릭문학』 연간집을 분석하고 정리하였다. 122명 협회 회원의 인명록을 정리하는데도 상당한 힘이 들었다. 사진 등단 저서 연보 수상 교회활동 등을 정리함으로써 회원 개인의 연보를 정리하는 데도 도움이 되었다. 25년간의 활동을 분야별로 정리하고 제반 사업의 기초자료도 정리하였다. 그밖에 회칙과 규정 등을 정리하고 역대임원과 회원 주소록을 정리하여, 4, 6배판 250쪽의 『부산가톨릭문인협회 25년사』를 발간하였다. 엮고 보니 아쉬운 점이 한두 가지가 아니다. 앞으로 자료를 차근차근 정리하면, 이것을 바탕으로 앞으로의 25년을 아우르는 50년사 발간에도 도움이 되리라 본다.

3. 계간지 발간

연간집을 내는 데도 어려움이 많은데 계간지를 내어야 한다는 주장에 많은 걱정과 회의를 표하는 회원들도 있었지만, 결론적으로 이미 4년째 봄호를 발간하였고 지금 여름호가 나간다. 25년사를 만들면서 이것이 가능하다는 것을 예감했다. 지금까지 발간하던 350여 쪽의 연간지를 조금 더 보태어 둘로 나누어 2014년에는 24집(8. 15 발간, 216쪽)과 25집(12. 9 발간, 216쪽)을 내고 250쪽 4, 6배판의 25년사(8. 15 발간)를 발간함으로써 2015년에는 계간 발간의 자신감을 가지게 되었다.

그동안 회원이 증가되었고, 운영을 위해 문예진흥기금 지원을 매년 받음으로써 큰 힘이 되었다. 계간 발간 3년 차에 들면서 지원금이 인상이 되고 정기구독자를 확보하여 다소의 도움을 받고 있다. 여기에 교우 기업가의 광고를 통한 협조까지 얻어 운영의 묘를 살리고 있다. 감사할 일이다. '뜻이 있는 곳에 길이 있다.'는 말이 헛말이 아님을 알겠다.

항상 어려움은 있다. 회원들은 치열한 창작 정신으로 감동 주는 작품을 창작하는 데 배전의 노력을 기울이고, 모든 회원이 나서서 정기구독자를 확보하면 계간 발간의 어려움을 극복하리라 본다. 외부의 우수한 필진도 초빙하고 회원에게까지 원고료가 가는 그날까지 계속 힘든 노력을 해야 할 것이다.

계간지 발간을 위해 광고를 해 주신 교우 기업가님들, 책 발간을 하는 어려움에도 광고를 해 주신 회원 여러분, 행사 때마다 따뜻한 찬조를 해 주신 회원 여러분, 무엇보다 매회 모임에 충실히 참석해 주신 회원 모두에게 감사의 인사를 드린다.

바라기는 그동안 해오는 행사는 슬며시 묻어버리지 말고 키워나가고 발전시켜 필요하고 요긴한 길잡이가 되도록 해 주기 바란다. 무엇보다 훌륭한 작품을 위해 각고의 노력을 하는 회원 여러분의 노고에 감사드린다.

제34회 전국시조백일장에 즈음하여

오늘 뜻깊은 제34회 전국 시조백일장에 참석하신 여러분 반갑습니다. 저는 부산문인협회 부회장직을 맡아 있는 정경수올시다.

3년 전 저는 내일 날짜로 아내와 함께 출발하여 920킬로미터의 산티아고 순례길을 34일간 걸어서 다녀왔습니다.

어느 수도원에 묵게 되었는데, 저녁 만찬을 무료로 제공하고 나라별로 노래자랑을 하는 프로를 넣어 국가 간의 소개와 소통을 도모하는 시간을 가지게 되었습니다. 나라별로 나와서 자기 나라 자랑을 하게 되었는데, 우리 내외는 아리랑을 불렀어요. 그 자리에 참석한 다른 한국인들도 모두 나와서 어깨를 겯고 춤을 추면서 아주 신나게 불렀지요. 많은 박수를 받았습니다.

내 나라가 있다는 고마움이 이때 절실히 느껴졌어요. 외국에 나가면 모두 애국자가 된다는 말이 있지 않습니까?

여러분이 외국에 나가서 당신이 좋아하는 시를 암송하라 하면 여기 있는 여러분은 무엇을 선택할 것입니까? 그렇지요, 자기가 지은 시조 한 수를 멋들어지게 낭송하면 모두 놀랄 것입니다.

왜냐하면, 시조는 우리나라만이 가진 유일한 문학 장르이고 천년을 내려온 우리의 자랑스러운 보물이기 때문입니다. 세계 어느 곳에도 없는 오직 우리만의 것입니다.

한국이라는 나라가 문화민족이라는 사실을 알게 될 것입니다. 그러니 여기 오신 한 분 한 분은 모두 우리 것을 사랑하는 애국자들이지요.

세종 임금께서 만들어 주신 고마운 한글로 우리의 생각과 감정을 아름다운 우리말로, 우리의 전통시가인 시조형식에 맞추어 적어낼 수 있으니 얼마나 큰 자랑입니까.

오늘 여러분은 이러한 긍지를 가질 수 있는 주인공입니다. 즐겁고 가벼운 마음으로 주어진 제목에 따라 여러분이 가지고 있는 생각과 느낌을 나만의 문장으로 만들어 보는 것입니다.

시조의 율격을 살려 자신 있게 표현해 보시길 바랍니다. 모두 기쁜 시간 되십시오. 감사합니다.

(2019. 5. 11)

수필 심사평

-경상대학교

일상의 생활에서 만나는 사소한 것들을 버리지 않고 모아두었다가 기억과 감성을 입혀서 한 편의 글로 표출한 수필은 감동이 된다. 수필은 인간학이기 때문에 새로운 감동이란 인간적인 따뜻함에 공감대 형성이 있을 때 읽는 이의 가슴을 울릴 수가 있다.

예술이 '가난'을 구제할 수는 없지만 위로를 드리고 그 아픔을 공감하면서 용기를 줄 수는 있는 것이다. 예술을 또 문학을 사랑하는 인구가 많아지고 문학 작품을 읽는 독자가 많아져야 할 이유가 여기에도 있을 것이다.

.

200편 가까운 수필 중에는 일상적인 체험을 이야기식으로 서술하는 평범한 내용이 많았다. 그렇더라도 하나의 주제를 향해 사물이나 일에 대한 내 감동을 어떻게 거짓 없이 진실되게 전달할 것인가 하는 치열한 정신이 있어야 한다.

그런 중에도 눈에 뜨이는 수작이 있어 선자들의 마음을 흐뭇하게 하였다.

가작으로 선정된 김여은(안양여고)의 「벚꽃, 탄광」, 우수 김세희(서울 혜성여고)의 「가을에 그린 그림」, 최우수 구지영(인천 검단고)의 「모닝콜」은 우수한 작품으로 선정하는 데 합의를 보았다.

가작, 「벚꽃, 탄광」은 탄분증으로 생사의 기로에 놓인 할아버지의 엑스레이 사진을 보고 벚꽃을 떠올린다. 가쁜 호흡으로 고통스러운 할아버지에 대한 손자로서의 따뜻한 응시와 대화를 통한 사랑 담긴 이해가 잘 표출되어 있다. 마지막 퇴원 때 할아버지의 머리 위에 떨어지는 벚꽃을 보면서, 막장에 갇혀 있다가 구출될 때 본 햇빛의 눈부심을 '벚꽃의 수맥을 비추는 햇살이 어쩌면 그날 할아버지가 보았던 햇살'과 같다고 느낀다. 할아버지의 새로운 회생을 연결시키는 수법 속에 할아버지에 대한 사랑이란 하나의 주제를 잘 농축시키고 있다.

우수, 「가을에 그린 그림」은 가을 어느 날, 어린 시절 나를 길러준 할아버지의 따뜻한 마음을 어머니의 이야기를 통해 알게 된다. 나는 쓸쓸한 마음을 안고 이미 고인이 된 할아버지에 대한 어린 시절을 회상한다. 그림을 너무 좋아하여 어린 손녀를 데리고 도화지를 메워가던 잊힌 옛 어린 시절의 할아버지, 도화지의 오색빛깔이 이 가을의 색깔로 환치되면서 고개를 들고 청명한 하늘을 쳐다본다. 고3이 되도록 나를 사랑한 할아버지에게 한 통의 전화도 못 드리고 생사를 가른 야속한 나를 생각하니 이 가을날 소녀는 눈물을 감출 수가 없다. 튼실한 구성력과 문장력이 눈에 뜨인다.

최우수, 「모닝콜」은 자신을 고백하는 고백문학으로써의 수필로 잘 다듬어진 작품이다. 역행구성으로 극적인 효과를 도출하는 수법도 뛰어나다. 벌써 서두에서 심상치 않음이 감지된다. "웩웩, 이른 아침부터 들리는 엄마의 구역질 소리에 잠이 깬다." 듣기 싫은 구역질 소리가 '모닝콜'이라고 한 제목도 멋지다. 어머니는 렴(殮)을 하는 '시체닦이 알바꾼'이다. 6년 전, 벙어리 아버지와 어린 나를 버리고 딴 남자와 함께 집을 버린 어머니. 이웃의 질시를 받고 그래도 서로 의지하며 나를 사랑하던 아버지마저 병사하고, 이웃을 통해 아버지의 죽음을 알리지만 나타나지 않던 어머니가 3년이 지난 이제 내 앞에 나타나 나에게 용서를 빈다.

미운 정 고운 정이 교차하기 다시 3년, 모닝콜로 단잠을 깨우는 미운 어머니를 도저히 이해 못하는 나는, 어머니의 직장에 몰래 찾아가, 동료 직원들의 "남편이 있었는데 임종을 못 지켰다, 그래서 그 죄책감 때문에… 내 남편 시체다 하고 남편 임종을 지키는 것처럼 열심히 닦는 거래…." 대화를 엿듣고 어머니의 진실을 알게 된다.

한 편의 소설을 보는 것 같은 서사성을 가지면서 짧은 글 속에 구성과 주제와 내용이 긴밀하게 짜여 깊은 감동을 준다. 진실한 자기 고백이 선자들의 마음을 울렸다.

수필의 진수는 단순히 기억의 재생이나 체험의 단편적 서술로써만 되는 것이 아니다. 체험을 통한 인생의 발견과 깨달음을 잘 표현할 때, 그리고 그것이 인간의 보편성을 가지면서 깊은 감동을 줄 때 빛을 발하는 것이다. 수필이라는 짧은 그릇 속에 많은 것을 담는 것보다는 하나의 주제를 향해 한 단어 한 구절 한 문장이 효율적인 구성으로 치밀하게 조직이 되었을 때 비로소 감동을 줄 수 있는 것이다. 이것은 필자의 깊은 감동이 우선되어야 함은 말할 것도 없다.

정성을 다해 보내준 많은 필자들에게 감사와 축하 아울러 위로의 말씀을 드리며 수필의 기초를 공부하여 계속 정진하기를 빌어 본다. 기초가 다듬어지면 자신 있는 글을 쓸 수 있음을 권하는 바다.

(2017. 2. 6. 김양희, 정경수)

수필과 삶의 정신

'수필은 붓에 따라가는 것이 아니라 삶을 따라 걸어가는 것이다.'(윤재천: 새로운 수필 쓰기, 2018, 문학관)

수필(隨筆)을 한자 그대로 풀이한 소박한 해석이 일찍이 수필계에 풍미했지만 그 속에는 인생 백태의 삶이 녹아들어 있다는 전제가 깔려 있을 것이다. 그러나 이러한 '단순한 해석으로 수필의 전문적인 문학으로서의 위상이 한갓 잡문으로 머물러 있고 또한 그렇게 인식되어 오지 않았나.' 하고 나름대로 생각해 본다. 물론 나의 소견일 뿐이다.

내가 수필을 쓸 때의 생각은 '적어도 거짓말은 쓸 수 없을 것이니 내 삶을 조금이라도 진실되게 살 것이 아닌가.' 하는 소박한 일념이 있었다. 그것은 주변의 창작을 하는 사람들이 글과 삶이 전혀 다른 데 따른 위선을 보아 단순하게 생각한 면도 있었다.

그러나 삶은 그렇게 만만치 않았다. 거짓과 위선과 허장성세와 가식이 얼마나 우리의 삶을 좌우하는가를 몸소 느끼기 대문이다.

내가 종교를 가진 것도 이러한 맥락이 은연중 들어 있을 것이다. 실천이 따르지 않는 종교도 또한 그러한 문제들을 완전히 해결해 주는 것도 아니고 할 수도 없었다. 삶의 실천이 중요하다는 것을 매사에 뼈저리게 느낀다. 생각과 말과 행위가 일치되는 삶이 어려웠다. 진실한 삶이 얼마나 치열한 투쟁인가 하는 것을 잠깐 살펴보았다.

지난 2월 우리는 한 소중한 수필가를 잃었다. 적어도 이러한 삶을 살고자 우리에게 그 본을 보여주고 수필을 진정으로 사랑한 분이셨다.

현봉(玄峰) 이병수(李炳壽) 선생은 65세 정년이 될 때까지 오직 2세 교육에 모든 정력을 쏟았다. 자신의 일에 충실한 것이었다. 이듬해 수필로 등단하여 자신의 말대로 이모작 인생을 수필을 위해 사셨다. 89세에 마지막 열두 번째 수필집 『아름다운 마무리』를 내어 그의 문학적 소견을 산뜻하게 엮어 내었다.

> "… 나는 사람은 보람 때문에 사는 것이 아닌가 하는 생각을 할 때가 있다. … 더 차원 높은 보람은 나 아닌 다른 사람이 잘 되기 위한 일을 했을 때 더 큰 보람을 느낀다."

이것은 살신성인의 삶이요, 진실한 삶이라고 명명해 본다. 돌아가시기 5년 전에 인생을 정리하고 이후 더욱 남을 위해 봉사하며 사셨다. 특히 오래 병중에 있는 부인을 손수 돌보면서 마지막 가는 길도 끝까지 챙겨 주는 모습이 성스러웠다.

이것은 수필가로서보다 더 높은 인간적 고매한 실천의 삶이었음을 나는 많이 느꼈다. 마지막 인생의 여로를 끝내면서 우리는 무엇을 남기며 살아서 어떻게 해야 하는지를 곰곰이 생각하게 해준 현봉 선생께 깊은 감사를 드린다.

인생은 어떻게 살아야 하는가?

문인은 어떻게 살아야 하는가?

수필가는 어떻게 살아야 하는가?

운강의 행적

박하 박원호 회장이 이메일로 몇 가지 질문을 해오셨다. 몇 년이 지난 부끄러운 일이지만 답변한 내용을 남겨 둔다.(필자 주)

운강 정경수 선생은 모습부터 남다르다. 보기 드문 은발의 노신사이기 때문이다. 요즘에는 지긋이 나이 드신 분들도 애써 염색을 하여 흰 머리를 드러내지 않으려고 안간힘을 쓰는데, 운강 선생은 이런 시대 조류(?)에도 아랑곳없이 당당히 은발을 휘날리고 계신다. 자신의 외모에 100% 책임을 지는 지조 있는 선비, 세월 앞에 당당한 풍류 남아가 아닐 수 없다.

현역에 계실 때는 대학교 국문학과의 겸임교수로, 또한 고등학교 국어교사로 재직하시면서 젊은이들에게 국문학을 가르치셨다. 은퇴 후에는 짬짬이 해외여행도 즐기고, 한편으론 연붕과 석음서당을 다니시며 고전(古典) 공부에도 쉴 날이 없다.

한편으로 지난 여름방학 때는 고메 카페 주관으로 「술술 풀리는 글쓰기 비결」이라는 주제로 무료 특강을 해 주신 고마운 분이기도 하다.

고전과 글쓰기에 관한 한 고수를 모시는 입장에서, 또한 십 년 아래 동학(同學)지기로서 무르익은 노익장의 느긋한 여유가 무척 궁금하다. 그 비결이 과연 무엇일까?

(*참고로 이 인터뷰는 이메일로 이뤄졌습니다.)

문1. 자기소개를 부탁드립니다. 이곳 부산과는 언제부터 인연을 맺으셨는지요?

먼저 나의 약력을 간단히 소개합니다.

정경수(鄭敬守) 호 雲江, 출생 : 경남 남해군 남해읍 산(産)

· 문학 및 연구 활동

전북문학에 물, 대왕암, 오랑캐꽃 등 시조발표(1988년 이후 20여 편)

시조시인(시 전문지 계간시선: 최승범, 정공량 추천), 수필가(수필문학 2회 천료)

『길』 수필동인 총무간사, 『시와 인식』 동인

저서: 시조집 『사랑에 관하여』

박사학위논문 「채만식소설의 인접장르 수용 양상 연구」

시내초등학교 근무(1966-1980), 대연정보고등학교 근무(1980-2008), 부산전문대학교 출강(1985), 전 동아대학교(1986~1988), 동의대학교(1986-2005) 외래교수

초등학교 5학년 올라와서 부산으로 전 가족이 이사를 했고 동래 유락초등학교에 전학하였지요. 아버지께서 남해초등학교에서 13년을 근무하고 이 학교로 전근을 오신 때문이지요.(1956년) 이층 교실은 이때 난생 처음 사용하였고, 수업만 끝나면 복도의 창밖에 시선을 두고 눈을 뗄 줄을 몰랐습니다.

거제역을 출발한 기차가 고개를 돌아 시커먼 연기를 내뿜고, 때

로는 구름보다 하얀 증기를 흐뭇이 뿜어내고 기적을 울리며 동래역 쪽으로 들어오는 모습은 신비 그 자체였거든요.

안개가 낀 날이나 비가 내리는 날이면 기적 소리가 가까이 들린다는 것을 이때 비로소 알았답니다. 이와 함께 세병교를 건너 달려오는 자동차, 그 옆길로 달리는 전차, 또 수영비행장을 향해 고도를 낮춘 비행기가 수시로 학교 위를 굉음을 내며 날아가는 모습에 혼이 다 나갔지요. 남해섬에서 볼 수 없었던 이것들만 해도 촌놈은 완전히 얼어 버린 것이랍니다.

문2. 연붕/ 석음서당의 한문 공부에는 어떤 계기로 참여하시게 되었는지도 말씀해 주시면 감사하겠습니다.

나에게 정년이란 먼 얘기처럼 느껴졌지요. 70년대부터 시조는 간간이 써왔지만 그래서 정년 전에 준비한 것이 수필과 시 등단 과정이었답니다. 정년을 하는 즉시 세 가지 일을 벌였지요. 수영, 테니스, 그리고 한문 공부.

한문 공부는 80년대부터 손팔주, 정경주, 이신성, 손창규, 박영진, 김영석, 박도균, 정영만 등 여러분과, 밀양 천연정, 칠탄정, 도원정 등에서 여름을 보내고, 겨울 방학 때면 퇴산 이신성 교수의 선대 판고 고지기 집에서, 됫병 소주 7~8개는 까면서 4~5일씩 묵어가며, 『사서삼경』, 기타 문집들을 강독해왔습니다, 아울러 설암 선생 댁에서 오랫동안 강독을 해왔지요.(이 바탕은 '우문회'에 두고 있었다.) 90년말 이후 가톨릭 교구 일과 대학 강의 등으로 참가가 소원해졌지만, 이따금 우문회보를 보거나 소식은 들어왔습니다.

퇴직과 함께 이런 분위기에 젖고 싶었습니다.(우문회에서 경험한 한문 공부로 대학에서 교양 한문 강의를 맡을 수 있었음.) 잊힌 한문 고전의 깊은 의미를 천착해 보고 싶었으며, 수필을 쓰는 데 있어 고문(古文)의 깊은 의미를 접목해 보고 싶었습니다.

또한 작고한 벗 퇴산의 권유도 한 이유일 수 있지요. 마지막으로 학기마다 있는 국내 여행은 여기 연붕서당(淵鵬書堂)만 한 것이 없다는 점. 내실 있고 기행문 감으론 최고라는 유혹 등등 많지요.

문3. 언젠가 정 박사님의 수필 중에 남해에서 보낸 어릴 적 추억을 재미있게 읽은 적이 있습니다. 고향은 자신에게 어떤 것이라고 할 수 있겠습니까?

영원한 향수로 남는 아련한 추억의 산실이지요.(고향에 대한 노래를 부르면 더욱 간절한 맛이 우러난다.) 고향을 노래하면 순수한 시심이 솟아오르거든요. 나와 내 형제들의 태(胎)가 묻힌 곳이고 선조들의 오랜 삶터였기에, 혼이 남아 있는 듯한 느낌이랄까. 말하자면 내 문학의 산실이지요.

정이 들면 고향이라 하지 않습니까? 2009년 2월 이곳 기장의 정관 신도시로 이사하여 정을 붙이며 살고 있으니 이 또한 내 고향이 될 것입니다.

문4. 고전(古典) 공부는 아주 이른 시기부터 시작하신 걸로 압니다. 혹시 당시에 공부하시던 내용을 소개해 주실 수 있으신지요? 또한 과연 고전이 바쁜 현대생활에서 갖는 의미는 무엇일까요?

바쁜 현대생활이라지만 먼저 사람이 되라고 하는 옛 성현들의 말씀은 그럴수록 현대에 더욱 필요한 것이지요. 보십시오! 능력 제일주의, 지식 제일주의, 황금 만능주의…, 인간성을 무시하고 조용히 침잠할 기회가 모자라서일까? 대통령이 자살하고 나서일까? 어인 어린 학생들까지 고층에서 뛰어내려 동반 자살까지 하니 '이거 안 되겠다. 목숨만큼 소중한 것이 없는데, 죄지은 사람이야 그렇더라도 앞길이 만 리 같은 아이들이…, 너무 안타깝다. 인성교육의 부재다.'라는 생각을 갖고 있습니다.

현대인은 바쁘고 다양한 삶을 사니까 어쩔 수 없지만, 대신 홀로 오랜 사색과 깊은 천착을 통해 발견해 낸 인간의 근본 사상을 받아 습득하는 것은 소중한 것이지요. 원체 한문이 짧아 한문을 전공한 분들과 함께하면서 배웠지요. 그러나 오래 손을 놓으니 잘 되지 않아 지금도 헤매고 있는 중이랍니다. 공부하는 분위기가 좋아 그냥 즐겨 다닌 것이라 할 수 있겠지요.

문5. 근대소설에 관한 연구로 박사학위를 받으신 걸로 압니다. 우리나라 근대 소설은 대개 계몽적 성격을 띤다고 들었습니다만 과연 당시에 문맹률이 높았던 민중에게 얼마나 긍정적인 영향을 미쳤을까에 대해서는 회의적인 시각도 있습니다. 정 박사님 생각은 어떠신지요?

우리의 근대소설이 계몽적 성격을 가졌지만, 인생을 이야기하고 삶의 혜지를 얻는다는 의미에서 이야기(소설) 속에는 어느 정도의 교훈적이거나 계몽적인 것이 녹아 있지요.

춘원의 소설들이 대개 계몽적이라서 후대 평자의 비판을 호되게 받고 있지만, 그의 문호적인 작품 경향은 러시아의 톨스토이에 비기기도 합니다. 그분이 6·25 때 납치되어 그 뒤의 문학 활동은 단절되었으나, 독자들의 수준이 낮았다 할까? 읽을거리가 적어서 목말라하는 독자들 때문이었을까? 어쨌든 이광수의 계몽 소설은 당시 젊은이들에게 대단한 인기와 호평을 받았고 젊은이들은 이광수의 깃발 아래 모여들었다고 합니다. 저 또한 춘원의 전집을 섭렵했지요. 그러나 오늘날 수준이 높아진 현대인에게는 먹히기가 어렵겠지요.

저의 석사논문은 「염상섭 소설에 나타난 사회의식의 변용」이라는 주제로 계몽성과는 많은 거리가 있는 작가를 선정했지요. 연대순에 따라 『표본실의 청개구리』 『만세전』 『삼대』로 이어지는 개인의식 사회의식 역사의식의 단계로 발전해 가는 염상섭의 작가의식을 짚어 보았고요.

박사 논문은 「채만식 소설의 인접 장르 수용 양상」을 주제로 채만식의 소설이 극양식과 넘나들며, 고전 소설의 패러디를 통한 새로운 시각의 「고전의 현대화」를 살펴보았지요. 채만식은 한국의 대표적인 풍자작가 아닙니까? 그러니 지식인을, 시대를, 가난을 풍자하며 결국 일제 말기에는 절필을 하고 낙향했다가 해방이 되자 『민족의 죄인』이라는 제목의 장편 소설을 발표하셨지요. 정말 양심적이고 시대를 예리하게 풍자한 보기 드문 작가 중 한 분이었습니다. 존경할 만하지요.

문6. 정 박사님은 고전, 국문학, 시인, 수필가, 축구선수, 테니스 선수, 서예, 노래(성악)까지 다양한 분야를 섭렵하고 계십니다. 사람마다 큰 차이 없이 에너지는 한정되어 있을 텐데 다양한 분야를 좋아하시게 된 비결이 있다면 소개해 주십시오.

'많이 하는 것은 하나도 잘하는 것이 없다.'는 생각에 늘 공감합니다. 질문대로라면 저는 하나도 잘하는 것이 없습니다. 흉내도 잘 내지 못하는데 내가 좀 시건방져서 많은 것을 두루 잘한다고 보는 모양이라 앞으로 자중하겠습니다.

앞으로는 글 쓰는 데에 힘을 모을 터인데 우선 국문학이 바탕이 되어야겠고, 철학적인 깊이나 깊은 사유의 부문에서는 동양의 고전이 큰 구실을 합니다. 앞의 네 가지는 전문분야에서 필수적일 것입니다.

축구는 대학 다닐 때 필드하키를 했어요. 45, 46회 전국 체육대회에 대학교 부산대표로 인천 광주에 출전한 적이 있었습니다. 이때 포지션은 라이트 하프 오른쪽 허리 부분을 맡아 했지요. 축구장 크기에 11명이 뛰는데 공의 속도가 빨라 무척 힘들었지요. 그 뒤 고등학교 동기들이 한 20~30명, 내가 근무하는 고등학교에 모여 일요일마다 조기축구를 했답니다. 이때는 오른쪽 허리 즉 라이트 윙을 맡았는데 헤드트릭을 한 적도 있었습니다. 한 20여 년 했지요. 주로 이북 5도 팀과 시합을 하곤 했는데, 재미는 있지만 위험도 따르고, 결국 어느 겨울날 왼 무릎이 고장이 나서 한 4년 전부터 쉬고 있습니다.

테니스는 퇴임하기 바쁘게 대학 친구들이 14, 5명 모여 하는 곳에 들어갔지요. 이 또한 과격하여 무릎이 다시 도져 역시 쉬고 있답니다. 그 좋아하던 등산도 잘 못하니 오래전부터 간간이 혼자서 써 보던 서예를 정통으로 배우기로 하고 지난 3월부터 시작했지요. 김근대 동운 선생의 체본을 받아 열심히 하고 있습니다만 그렇게 호락호락 되는 게 아닌 것을 알기에 느긋하게 마음먹고 쓰고 있습니다. 우선 종이를 접는 데서부터 먹을 갈고 자세를 바르게 가다듬는 일련의 과정에서 전광석화처럼 지나가는 현실의 현기증을 다독이고 있지요.

노래는 좋아만 하지 잘 못합니다. 잘하려는 노력을 안 하는 바는 아니지만…. 시간만 된다면 성악을 정식으로 배우고도 싶어요. 모든 게 기초가 없이 임기응변으로 처리해 놓으면 뒤에 가서 큰 낭패를 본답니다. 내 노래는 그런 딜레마의 숲을 헤매고 있습니다.

문7. 퇴직하신 이후에도 현역 못지않게 분주하신 모습입니다. 어떤 취미활동을 하시는지요? 어떤 이는 퇴직 후에 우울증을 앓는 분도 있다고 들었습니다. 현직에 계실 때와 퇴직 이후의 생활의 차이, 사고의 차이가 있다면 말씀해 주십시오.

작년 이곳 정관 신도시로 이사를 했지요. 26년 동안 살던, 샤워물도 잘 안 나오는 아파트에서 이곳으로 옮긴 이후 나날이 즐겁답니다.(?) 눈만 뜨면 아침의 여명을 젖히고 훤히 밝아오는 매암바위의 우람한 모습과 초록색 산들, 달음산·천마산·치마산·문리봉·소두방재·매암산·망월산·백운산의 아름다움에 작년 한 해는 완전히 빠져 있었지요. 오늘도 다섯 평 테라스에서 배추 모종을 내고 있는데 갑자기 소나기가 쏟아졌지요. 에라! 젖은 손, 소나기를 흠뻑 맞고 일을 하고 나니 소나기가 그친 매암산 위로 흩어져 비껴가는 안개구름이 어찌 그리 아름답습니까? 카메라를 찾아 올라오니 이미 그 순간은 사라지고 햇볕이 나데요.

현직에 있을 때는 결혼 이후 줄곧 일주일에 3일 이상은 밤에 10시 이후에 들어오는 생활을 했지요. 학부, 석박사 과정까지는 학교 다니느라 그랬고 그 이후 한 20년은 대학 강의로 그랬지요. 주말 주일을 이용하긴 했지만 자연을 찬찬히 바라보고 변환의 신비를 볼 겨를이 없었어요. 그런데 퇴임하여 이곳 정관에 오고부터는 매일매

일이 자연의 변환에 새로운 깨달음을 얻는다고 할까요? 해가 어디에서 떠서 어디로 지는가, 그리고 이것이 매일 매일 어떻게 변화되어 가는가. 이 풀은 어떤 꽃이 피고 언제 지는가. 좌광천 변의 나무들은 어떻게 자라는가. 피리들은 얼마나 불어나는가. 오리들은 왜 겨울이 가도 고인 웅덩이에서 놀며 새끼들을 기를까? 등등.

20층의 5평 테라스엔 많은 먹거리들이 자라지요. 키우지도 않은 온갖 벌레들은 어디서 오나요. 심지도 않은 풀은 언제 솟아나서 꽃을 피우나요. 가지는 하루 만에 이렇게 크는군요. 고추는 물을 많이 주니 죽네요. 옥수수는 한 열흘 물을 못 주었더니(여행 때문) 일찍 말라 몇 개의 열매만 남겼고요, 오이는 한 개가 어찌 그리 큽니까? 애호박은 열리자 이놈의 민달팽이가 파고드네요. 조롱박은 늦게 4, 5개 고운 모습으로 열려 커가는 모습이 귀엽네요. 밤에 흰 꽃이 달빛에 보니 더욱 이뻐요. 이런 모든 것들이 나에게 우울증을 줄까요?

문8. 젊은 층에서는 '고전 공부는 고리타분하다'는 편견이 있습니다. 그들을 설득하기 위해 한 말씀해 주신다면 어떤 말씀을 들려주시겠습니까? 또한 고전 중에서 젊은이들에게 강추! 하시고 싶은 작품을 말씀해 주십시오.

현대의 지식은 너무나 많고 다양하고 습득이 어렵지요. 본래 인간의 학문이란 계기적 발전을 통해 오랜 세월 축적해 온 것인데 이것을 축약해 놓은 것이 책일진대, 옛 선인들의 삶의 지혜를 모은 고전을 읽는 것은 지식 축적의 바람직한 방향입니다. 그러나 컴퓨터를 통해 해석을 하고 거죽 지식만 얻으니 깊은 학문의 진수를 맛볼 기회가 없습니다.

왜 이런 삶의 지혜 내지는 교양이 필요하냐 하면, 오늘날 극도로 발달한 전문지식과의 균형을 이루기 위한 것입니다. 지식과 교양의 두 바퀴가 균등하게 즉 조화롭게 큰다면 이 수레 즉 인성의 삶은 풍요롭게 나아갈 수 있을 것이기 때문입니다. 우리가 북한의 핵무기를 두고 두려워하고 걱정하는 것은 그들이 가진 호전적이고 불안한 성향이 조화를 이루지 못하기 때문입니다.

젊은이들은 바쁩니다. 그러나 중고등학교 과정에서 배우는 한문 정도면 다음 단계의 한문을 하는 기초는 될 터인데 이를 복습 내지는 발전시키려는 의지도 없고 그런 동기유발도 없으니, 대학생이 되어도 제 이름, 제집 주소, 대한민국이라는 자기 나라 이름조차 한자로 쓰지 못하는 경우가 너무나 많습니다.

논어를 권합니다. 짧은 문장들에서 번득이는 지혜가 깊이 숨어 있어 이것을 익히는 자체가 곧 인성교육까지도 아우르게 됩니다.

문9. 여행, 독서, 고전 공부, 시와 수필 쓰기, 취미 등등. 남달리 노년의 여유를 즐기시는 모습입니다. 말하자면 정 박사님은 조선조 선비의 이상형 같다는 느낌을 받습니다. 달리 말하자면, 어릴 적부터 예순 중반에 이르기까지 인생 경영을 성공적으로 하셨다는 의미이기도 합니다. 여유로운 노년을 위해, 젊은이들에게 충고의 말씀을 해주시기 바랍니다.

정말 과찬의 말씀입니다. 그리된다면 얼마나 좋겠습니까? 그것이 나의 희망이기도 하지만요. 그리로 향하여 최선을 다해 나아가는 것입니다.

인생은 어차피 불완전한 것이고 자기에게 주어진 몫이 있다면 이것을 찾아 이루어 나가는 과정입니다. 그러나 이것은 어떤 구체적인 목표를 세워 도달하는 완성점이 아니라 인류의 긴 역사를 통하여 완성시켜 가는 것입니다.

예술이 그러하듯이 완성된 예술이란 없는 것입니다. '시의 완성' 그러면 그다음부터 인류의 사전에는 시가 사라질 것이니까요. 더 나은 것, 더 바람직한 것으로 향해 나아가는 것 이것이 삶의 한 모습이라 봅니다.

젊은 시절의 여행은 참으로 소중한 것입니다. 우선 우리나라 곳곳을 시간 날 때마다 찾아보는 것, 그리고 동양 이웃, 나아가 서양을 찾아보기를 권합니다. 우리 것에 대한 깊은 인식과 애정을 갖고 밖을 보아야 합니다. 특히 지도자가 되려고 하는 야심 찬 젊은이는 더욱 그러합니다.

좋은 교양서적을 꼭 한 권 독파하시기 바랍니다. 거기에서 물고 들어오는 다른 서적으로 연결하고, 이렇게 이어지면 어느새 많은 독서량을 갖게 됩니다. 그러니 처음 고르는 책이 중요합니다. 정평 있는 책을 만나세요. 식당에 가서도 어떤 음식을 먹을까 고민하며 고르지 않습니까? 하물며 나의 인생을 동반할 책을 고르는 데 소홀할 수는 없겠지요.

절약하고 성실히 미래를 준비하는 경제생활을 해야 합니다. 일확천금을 노리는 어리석음을 경계해야겠지만, 경제를 우습게 보는 것도 문제입니다. 많은 돈을 거느리는 거부가 되기는 어렵더라도 오늘날 문화를 향유할 수 있는 경제생활의 적당한 부(富)는 필수입니다. 그리고 좋은 짝을 만나기 위해 혼신의 노력을 해야겠지요. 나이가 들어 어떻게 살라는 것은 무리한 요구일 것이지요. 미래의 목표를 바라보며 현재에 충실한 삶을 사십시오.

(2010. 8.)

소중한 체험

편안함보다 더 나은 즐거움의 불편함

'이토록 하루 종일 작달비를 맞으면서 걸어본 적이 있었던가? 그 비를 피할 생각도 없이 한 곳을 향해 끝없이 걸었던 때가 있었던가?… 나를 발견하고 나를 이기고 걸어온 이 이천수백 리 길….'

산티아고 순례 33일째인 묵시아 알베르게의 방명록에 적은 나의 소감이다.

아내와 함께 34일간 921.1km의 산티아고 순례길을 떠나기 전 다른 글에서, '나의 산티아고는 피레네를 넘는 나폴레옹루트의 성공이 관건이다.'라고 말했는데, 가까스로 피레네를 넘어짐을 푼 론세스바예스에서 온 만신이 아픈 채, 과연 이제 남은 길은 반이 된 셈인가? 생각해 보니 그렇지 않을 것 같다. 남은 30여 일을 내일부터 다시 걸어야 하기 때문이다.

피레네의 초입에서 왼쪽 장딴지에 내린 통증을 추스르면서 가까스로 넘어온 27km의 산길은 내 몸의 현주소를 그대로 드러내었다. 통증은 파스를 붙이고 마사지를 하면서 다소 가라앉았고, 발바닥의 물집은 바셀린을 발라 와서 심하지 않으나, 짐의 무게를 버티느라

고생한 고관절과 무릎의 통증은 오래갈 것 같았다.

보물섬 작가 스티븐슨은 '여행은 기쁨을 얻기 위해서다'라고 했는데, 나 또한 기쁨이 없다면 무엇 하러 여행을 떠나겠는가. 또 누군가 '편한 것보다 즐거운 불편함이 더 낫다.'라고 했는데 이렇게 몸은 불편하지만 세상사 잊고 나에게로 내 생각이 돌아와서 내 육신의 현주소를 바라보는 시간이 고맙다. 야고보 성인의 무덤을 찾아 수많은 순례자들이 걸어간 길을 따라 힘들게 도착하여 기쁘니, 이 말들이 오늘 나에게 적실하게 들어맞는다 하겠다.

같은 목적으로 같은 길을 같은 방법으로 가는 사람들은 도심에서 낯선 사람들을 멀거니 바라보고 지나가는 것이 아니라, 눈웃음을 짓고 인사를 나누고 서로 궁금한 점은 묻고 답하면서 같은 방향으로 나아간다. 가장 원초적인, 어디서 자며, 어디서 오고 어디서 무엇을 해야 하는지를 서로 이야기한다.

그들은 한 지붕 밑에서 이슬을 피하고 꼭 같은 조건의 침대 위에서 잠을 자고 샤워를 하고 빨래를 한다. '옷깃만 스쳐도 인연'이란 말이 여기서는 딱 들어맞는 말이다. 앞뒤 가리지 않고 질시의 눈, 경계의 눈으로 바라볼 하나의 이유도 없다. 그저 언젠가 만나 정을 나누었던 지기지우처럼 서로 손을 맞잡는다. 그 나라의 정세가 어떻고 사는 형편이 어떻고 하는 것은 문제가 되지 않는다. 서로가 가장 걷기에 간편하고 필요한 것들을 약속이나 하듯이 짊어지고 지팡이에 의지하여 끝없이 걷는 것이다.

나를 앞지른다고, 뒤로 처진다고, 걱정하고 속상해할 일은 더구나 없다. 수백 년 다듬어 놓은 길, 좌우로 흐드러지게 피어 있는 야생화와 숲들과 끝없이 펼쳐진 밀밭과 목초밭과 포도밭, 맑게 흐르는 숲속의 시냇물을 보면서 걷는다.

가장 느린 걷기의 도구로 가장 많은 사물과 만나면서 가는 여정이다. 낡은 생각과 형편없는 습성을 떨칠 수 있는 좋은 기회다. 오솔길, 숲길, 강변길, 찻길, 농로길 어느 곳이든 나는 주변의 사물들에 깊은 애정을 쏟으면서 간다. 아니 그들이 먼저 나의 도래를 반기고 소리 없는 환영 인사를 한다.

들길을 걷고 숲과 산길을 걸어 오르고 내리고, 가파르고 긴 언덕을 숨 가쁘게 오르고, 발가락을 짓누르는 가파른 내리막을 걷는다.

지친 다리와 육신은 오히려 내가 짊어진 정신적 일들을 잊게 해준다. 지쳐도 마주하는 새로운 자연환경에 주눅이 드는 것이 아니라 고향처럼 어딘가에 가본 듯한 낯익은 친근감을 느끼며 걷는다. 소로의 말처럼, '내 다리가 움직이면 내 생각은 흐르기 시작한다.'

난고 김병연(김삿갓)을 생각한다. 할아버지를 탄핵한 불효의 죄를 업고 평생을 홀로 걸어간 그를 생각한다. '강요된 걷기는 개인적 시련이자 역경의 표시다.'라고 했다.

그러나 나는 전도(傳道)의 길을 기쁘게 걸어간, 그래서 그것 때문에 목숨조차 초개처럼 바친, 야고보 사도의 행적을 나 또한 만나기 위해 기쁘게 걷는 것이다.

15일간의 무전여행을 하면서 거제도 어느 시내 바닥, 낮 동안 달구어진 따뜻한 돌밭 위에 누워서 쏟아질 듯 눈부신 별들을 보던 그 자유로운 시간들이 아련히 떠오른다. 스물의 젊은 나이에 무엇이 그리워서 그 일을 했던가? 바로 기쁨이 있었기 때문이다. 새로운 만남이 있었기 때문이다. 이제 그 반세기가 지난 뒤 다시 새로운 만남을 위해 오늘 하루를 걸었다.

그리고 무언가 만날 것 같다. 잠자리는 비록 보잘것없지만, 이것은 바로 황금 이불보다 더 나은 나의 하룻밤 안식처이다. 나그네에게 이슬을 피하게 해 준다는 것은 내일을 위해 얼마나 고마운 일인가. 질겅질겅 마른 바게트를 씹어도 허기를 면하게 하는 음식이 얼마나 고마운가. 하루 열 시간의 긴 여정 끝에 땀에 전 옷을 깨끗하게 씻어 말릴 태양과 쉼터가 있다는 것이 얼마나 고마운 것인가. 새삼스레 느끼지 못했던 의식주의 고마움이 절실히 다가온다.

무거운 배낭을 메고 오늘 하루 걸어온 30km가 무사했음을 깊은 감사의 기도로 잠자리에 든다. 나는 어느새 곯아떨어진다.

새벽같이 짐을 꾸리고 조용히 알베르게를 나서면 어둠 속에 새벽 공기가 폐부를 씻는다. 한참을 걷다 돌아보면 마을의 가등이 손을 흔들면서 배웅을 한다. 여명이 어둠을 몰아내는 시간, 나이팅게일이 맑은 소리로 우리의 장도를 빌어주고 풀숲의 이슬이 신선한 감촉으로 옷깃을 적신다. 햇살이 퍼지면 나의 무지하게 긴 그림자가 나를 앞서서 인도한다. 이윽고 햇살이 등을 쪼이면 걸음은 느려지고 땀은 몸을 타고 마구 흘러내린다.

30여 일의 여정이 새벽같이 일어나 햇살 좋을 때 알베르게를 찾아 무거운 배낭을 내리고 샤워와 빨래와 식사를 준비하는 같은 일상이지만 매일매일 새로운 자연경관과 풍물에 마음을 뺏기고 만다. ‘편안함보다 더 나은 즐거움의 불편함을 느끼면서….’

한여름의 무전여행

－1965. 8. 1. ~ 8. 15.

냉방시설이 제대로 되지 않던 1960년대는 지금의 더위보다 여러모로 견디기가 어려웠다. 살기가 빠듯하여 호구를 챙기기에 급급하다 보니 당시에 냉방기구라는 것은 부채가 고작이었다. 한여름이 되면 계곡을 찾아 발을 담그는 정도의 여유를 가진 사람들도 있었지만 생활에 급급한 사람들에겐 하나의 호사였다.

지금 생각해 보면, 1965년 대학 2학년 여름, 8월 1일부터 15일까지의 15일간 영호남 4개 도를 답파한 무전여행이 내 삶 중 여름을 보낸 가장 기억에 남는 시간이 아니었나 생각된다.

태양이 이글거리며 동녘에서 고개를 내밀 때 김종영, 이용걸, 나 이 셋은 대저 쪽 구포다리 부근에서 합류했다. 나무 한 그루 없는 구포둑을 걸어 진해 창원까지 가는 첫날은 그야말로 쾌청한 날씨에 왼뺨으로 내지르는 듯한 더위가 우리를 괴롭혔다.

지금은 큰길이 훤히 뚫려 있지만 당시는 제법 가파른 고갯길로 용원 부근 오르막을 오를 때에는 무척 힘이 들었다. 머리 위에서 쏟아지는 뜨거운 햇살과 메마른 공기에 피곤까지 겹쳐 나는 코피까지 흘렸다. 더위에 무척 힘이 들었던 것으로 기억된다. 등에는 15kg 이상의 무거운 짐이 지어져 있었다. 15일간 먹을 식량과 약간의 밑반찬, 모포, 갈아입을 옷가지, 취사도구 등 그 무게는 가히 살인적이었다.

마침 점심시간이 가까워 용원 고갯길 오른쪽 마을로 들어가, 마당이 널찍한 집을 찾아가서,

"저희들은 여행을 하는 학생들입니다. 쌀을 드릴 터이니 밥을 좀 지어 주십시오."

간절한 마음을 담아 부탁을 한 것 같다. 주인아주머니는,

"아유! 학생들, 이 더위에 고생이 많구나. 쌀은 넣어두시게, 내 밥 곧 지어 줄 터이니 좀 씻고 앉게나."

이런 말로 우리를 격려하고 있는 찬, 없는 찬 다 내어 우리를 대접하는 것이었다. 당시는 너 나 할 것 없이 살기가 빠듯하고 어려웠지만, 나누는 인심은 이렇게 여유로웠다.

쌀 석 되와 단돈 300원, 이것이 15일간 내가 버텨야 할 재산 목록이었다. 당시 80원으로 전차 패스권을 끊으면 한 달 내내 탈 수 있었으니 300원이 적은 돈이 아니지만, 바다를 건너거나 먼 거리를 갈 때는 배나 버스를 타야 하니 15일간 쓰기에는 그렇게 많은 돈은 아니었다.

밤 9시경에 창원의 이세경 군의 집에 가까스로 도착하여 우물물로 등목을 하고 늦은 저녁밥으로 마감을 한 첫날 14시간의 트레킹은 성공적이었다.

이틀 이후는 마산 일원을 돌고 김택언 군의 짚 앞 평상에서 자고, 다음 날 거제도에서 김정식 군의 막걸리 대접을 받고 동부수원지 아래 하천에서 낮 동안 데워진 자갈밭을 깔 자리 삼아 쏟아지는 어마어마한 별의 무리를 보며 상념에 잠기기도 했다.

통영 한산도는 장갑순 동기의 삼촌이 자기 배로 손수 운전하여 태워 주었다. 하룻밤을 방파제 주변에서 수영을 하면서 인광이 온몸을 싸고 흩어지는 신비한 체험을 하고 밤을 새우기도 했다.

남해 금산에 올라 어릴 적 아버지의 서재에서 본 금산 38경의 기억을 되살리며 두루 둘러보았다. 이어 상주 해수욕장의 은모래를 밟고, 남해 읍내 외할머니댁에서 밑반찬을 조달하고 함께 큰절을 올렸다.

이어 섬진강이 내려다보이는 하동 김종영 군의 집에 들러 밑반찬을 보충하고, 무서운 먹구름이 어둠을 몰고 오는 화개장터까지의 50리 길을 걸었다. 화개장 다리 위에서 자다가 트럭의 경적 소리에 놀라 다리 밑으로 내려가 자기도 했다.

새벽같이 쌍계사까지의 십 리 길을 걸어가 계곡에 몸을 담그고, 항고에 곱슬곱슬한 밥을 지어 먹고 빨래를 했다. 불일폭포의 내리 쏟는 폭포수에 몸과 마음을 씻었다. 여기는 아열대성 기후라고 일러주던 불일농원 주인이 따 주는 싱싱한 오이의 상큼한 맛과 향기를 지금도 잊을 수가 없다.

구례 화엄사에서는 광주 여고생들을 만나 같이 사진을 찍고 이번 가을에 광주에서 있을 46회 전국체육대회 대학부 필드하키팀으로 가는 기회에 만나기로 약속했으나, 재빠른 k 군이 이 정보를 뺏어 만난다고 했는데 그 뒤의 기억은 바쁜 일정으로 알아보지 못했다.

구례, 남원, 곡성, 장수 육십령을 넘어 거창초등학교 숙직실의 옥수수 가루 포대를 베개 삼아 자고, 보름달이 환하게 밝은 대구에서는 통금 시간이 넘자 바로 파출소를 찾아갔다. 우리의 하소연에 친절히 안내해 준 노숙자보호소에서 자면서 새벽에 놀라서 깨기도 했다. 넓은 마루방 한가운데 비치해 둔 반으로 잘라 설치한 드럼통에 외발 사나이가 오줌을 누는 소리였다.

대구에서 부산으로 오는 열차에 무임승차를 하였다. 닥치면 사정을 할 참이었다. 그러나 승무원은 막무가내. 옆자리의 고마운 아주머니가 선뜻 백 원을 내어주어서 위기를 넘겼으나 그 은혜를 갚지 못하고 아직도 기억만 하고 있다. 지금은 어떨까? 언감생심이다. 무전여행이라 했지만 많은 사람들에게 폐를 끼치고 많은 도움을 받았으나 갚지 못했으니 지금 생각하면 미안하고 부끄러운 일이다. 다른 방도로 갚을 생각으로 지금까지 마음에 새기고 작은 희생을 하고 있다.

구포역에 내려서는 쌀을 모아보니 한 되 정도가 되어 역 앞에서 장사하는 할머니에게 팔아 그 돈을 나누어 귀가할 수 있었다.

한여름 15일간의 긴 여행으로 얼굴은 검게 타고, 어쭙잖은 수염발이 듬성듬성 얼굴을 덮고 몰골은 형편이 없었으나, 몸과 정신은 어떤 성취감에 상당히 만족한 마음으로 귀가했다.

그리고 십 년 뒤 나는 이 코스의 일부를 선택하여 아내를 꼬드겨(?) 신혼여행지로 택했다. 모르긴 해도 이 경험이 아내의 여행벽(癖)을 부추긴 것이 아닌가 생각해 본다. 나의 무전여행 경험 꼭

50년 되는 해, 아내는 47일간의 산티아고 순례길을 답파하고, 이 여세를 몰아 우리의 결혼 40주년인 다음해 2016년에 나를 대동하여 921km의 산티아고 순례길과, 포르투갈과 스페인의 여러 도시를 둘러오는 54일간(5. 12.~7. 4.), 힘들고 고되었지만 아름다운 추억이 될 좋은 경험을 함께했다. 아마 이것이 앞의 경험보다 더 고생되고 더 심한 더위 속이 아니었나 생각해 보지만, 먼 과거의 일이 더 커 보이는 것은 왠지 나도 잘 모르겠다.

기쁨으로 만난 사람들

두 젊은이

스페인의 산티아고 순례기간 동안 많은 사람들을 만났다. 생장에서 만나 여러 날 같이했던 두 젊은이는 잊을 수 없다.

사진을 찍어 회사 취업에 자료를 모으겠다고 기염을 토하던 김 군은 10일이 지난 즈음 버스를 타고 순례길을 포기했다. 체력도 좋고 건장했는데 메고 가는 짐이 우리 짐의 두 배는 될 것 같았다. 국내여행이나 패키지여행을 하던 때처럼 편리한 많은 기구들을 준비하니 그 짐이 버거웠던 모양이다. 김 군과 같이 동행을 하면서 우리와 식사도 같이 했던 박 군은 노란 머리를 하고 있어 일본인으로 알았는데 혼자가 되자 곧 우리와의 만남이 끊어졌다.

정 선생

부산의 토박이로 친구인 하계열 청장과 이정우 회장과는 B고등학교 동기이기도 한 서울의 정 선생은 페르돈 봉에서 처음 만나 사진을 찍은 후로 내 생일 만찬도 같이 하면서 며칠을 함께 걸었다. 친구 이야기도 나누면서 걸었는데 마침 개신교 신자인 최 선생

5월 17일 페르돈봉에서 -김 군(왼쪽 끝)·정 선생(오른쪽 두 번 째)

을 만나 마음이 잘 맞아서 같이 동행을 하고 걷는 속도도 비슷한 것 같았다.

혼자 오는 순례객은 쉽게 동행이 되기도 하는데 이성끼리도 이러기를 며칠씩이나 같이 하다가도 어느새 혼자 외톨이가 되는 경우도 보았다. 정 선생은 열흘 정도 헤어졌다 만났다 하다가 그 뒤로는 만나지 못했다. 빠른 걸음으로 보아 우리보다 빨리 도착하지 않았나 짐작만 할 뿐이다.

우리 젊은이들

우리 젊은이들은 서로 잘 어울린다. 6, 7명이 알베르게에 모이거나 같이 걷다 보면 친해져서 떼를 지어 다니기도 한다. 모두 30세 미만의 처녀 총각들인데 같이 자리를 하고 식사하는 것을 보면 거기서 좋은 커플이라도 생겼으면 하는 희망을 해본다. 반가워서 인사를 하면 아무 허물없이 반기고 사진을 찍기도 한다. 우리 국내에서 사람을 대하는 것과는 사뭇 다르다. 서로가 힘들고 불편하고 외로우니 스스로 동류끼리 만나는가 보다. 그러나 다시 만나지 못하니 순례를 잘 마쳤는지는 알 길이 없다. 모두 종주했으리라 짐작만 한다.

안드레아

5월 23일 –박 군(왼쪽 끝)·김 군(오른쪽 끝)과 함께한 젊은이들

브라질의 인상이 좋은 아저씨다. 혼자서 순례를 왔는데 발의 물집이 생겨 무척 고생을 하였다. 그런데도 걸음이 느린 우리와는 같은 알베르게에서 반갑게 만나곤 했다. 보름 이상을 만났다 헤어졌다 했다.

7일째 밤을 내 침상 위에서 자고 출발하는 아침 그와 처음 만나 이야기를 나누었다. 언어로 서로의 의사소통이 어려우니 섣불리 대화를 붙이지 못하는데, 전날 알베르게에 도착하여 버려놓은 많은 물건들 사이에 포켓판의 일본 소설이 있어 계속 볼까 하다가 침대에 던져두고 왔는데, 출발 직전에 나에게 가져와서 떨어뜨리고 간 것이라며 건넨다. 여기 거라고 하면서, 그러나 감사 인사를 했더니 서로 얼굴이 익어졌다. 마침 나의 세례명이 대건 안드레아라 서로 이름을 부르며 친해졌다.

물집이 심해서 큰 도시 로그르노에서 약을 사서 바르곤 했는데 2주일쯤 역시 만나고 헤어지다가 우리의 속도에 뒤로 밀린 것 같다.

데레사

순례 첫날 오리송에서 처음 만나 글라라는 음식을 나누어 주면서 딸처럼 가까이 이야기를 나누며 한동안 같이 다녔다. 대학 4학년생으로 빡빡한 시간을 내어 경험을 하러 나왔다고 하는데, 아내 글라라와 아주 친해져서 음식을 자주 해서 나누곤 했다. 걷는데 누구나 힘들긴 마찬가지지만 내가 아파 13km를 가는 날 헤어졌다가 다시 만났다. 그 뒤 헤어졌는데 종주했는지는 궁금하다.

다정한 인도 네 자매

인도 4 자매－왼쪽부터 나이 순서

순례지의 중간에서 들어온 모양인데 4자매가 아주 다정했다. 언니는 70 중반. 두 살 터울처럼 짐작이 되는데 몇 번을 만나 반가운 인사를 나누곤 했다. 똑같은 샌들에 짐은 부치는지 아니면 아예 가져오지 않았는지 물어보지 못했다. 마지막 산티아고 성당 앞에서 위의 사진처럼 지친 듯 쉬고 있는 네 자매를 마지막으로 만났다. 레온쯤에서 우리와 처음 만났던 것 같다. 인도 여인들은 어딘지 모르게 수도자처럼 보이는데 깡마르고 검소한 차림이어서 그런가 하고 나름대로 생각해 본다.

스위스 부부

구간별 역주행을 하는 이색적이 순례자다. 아니 걷기를 즐기는 여행가 부부다.

6월 1일 레온의 언덕을 내려갈 때 우리와 마주치면서 보낸 부부가 그들이었음을 기억한다. 다음 날 우리를 향해 마주 오는 그 부부에게 말을 걸었더니 내 기억이 맞았다. 그리고 다음 날 10시경 만났을 때는 서로가 경이의 소리를 질렀다. 그 뒤 여러 차례 만났는데 나중엔 그 시간까지도 서로 맞출 수가 있었다.

6월 10일 -스위스 부부 만나다

꼭 이 시간이면 우리는 서로 마주쳤다. 거꾸로 가면서 매일 만나는 것이 이상하지만 기동력을 살려 이색적인 여행을 하고 있는 것이다.

신기하다고 반갑다고

우리가 출발한 지점에 캠핑카를 세워두고, 오토바이로 우리의 도착 지점으로 가서 오토바이를 세워두고 우리의 출발지점으로 향하는 것이다. 대강 하루 걷는 거리를 짐작한 출발과 도착 지점이지만 거의 우리의 생각에 큰 차이는 없을 것이다. 이 시간이 되면 만날 시간인데 하면, 저 멀리서 마주 오는 부부를 만나는 것이다. 거의 매일 만났다. 이제 그

멀리서 보고 서로 웃으면서 반가운 손짓을 한다

시간이 되면 기다려지는 지경이 되었다.

우리는 반가운 인사를 하고 한동안 간단한 대화를 나눈 뒤 서로 갈 길을 간다. 참으로 신기하고도 아름다운 만남이었다. 한동안 웃고 나면 피곤도 잊힌다. 5분 남짓 대화를 나누었다. 어슬픈 영어로 대화가 된다. 콤포스텔라 들어 오기 전날 헤어졌는데 아마 종주를 하고 또 재미있는 길을 개척하면서 같을 것 같다.

스페인 순례객 마리우스

마음씨 좋은 이웃 아저씨 같은 스페인 순례객 마리우스 씨를 만났다. 자그마한 검은 배낭을 메고 60대 후반쯤으로 보이는 순례객과 같이 걷게 되었다. 서로 앞서거니 뒤서거니 하다가, '올라 부앤 까미노' 먼저 그가 우리에게 아침 인사를 해 왔다. 중 키에 스페인인데 약간의 영어가 되었다.

우리는 한국인이라고 인사를 하니, 자기는 마드리드에서 구십 킬로미터 북쪽 마을인 세비야에서 산다고 한다. 큰 짐은 다음 숙소로 부치고 달랑 메고 가는 자그마한 가방이 하루 소풍 나온 사람 같다. 우리도 산티아고 순례를 마치고 마드리드로 간다고 하니 오는

길에 꼭 연락하고 자기 집에 들러 달라고 한다. 따스한 정이 솟는다.

면도를 며칠째 하지 않은 까칠한 얼굴이지만, 건강한 피부를 가진 그의 깊숙한 눈동자에는 진정이 서려 있어 초대의 고마운 말씀이 가슴에 따스하게 전해 왔다. 물론 갈 수야 없겠지만 얼마나 정다운 말인가. 더듬더듬 무언가를 찾는 듯하더니 신분증을 내어 보인다. 주소를 알려주려는 뜻이다. 카메라로 찍어도 되느냐고 동의를 구하니 찍기 좋게 손바닥 위에 펼쳐 준다.

마리우스 씨는 그 뒤 두 번을 더 만났다. 사람에게 호감을 가지니 두 번째 만날 때는 무척 반가웠다. 그러고 한 번 더 만나고는 다시 보지를 못했다. 마드리드로 들어가기 위해 중간에서 방향을 바꾼 것이라고 짐작했다.

영국인 순례객 다니엘

12시 4분. 아침 6시 30분부터 다섯 시간 이상을 걸었으니 지칠 때가 되었다. 땀이 범벅이 되고 갈증에 배도 몹시 고파 어딘가에 짐을 풀었으면 하고 살피고 가는 중이었다. 그때 우리를 앞서서 쌍지팡이를 짚고 힘들게 걸어가는 외국인을 만났다. 두 다리를 못 쓰는 걸로 보아 심한 소아마비를 앓았던 모양이다.

지나쳐 갈려고 하는데, 웃으며 우리에게 먼저 인사를 하곤 반갑게 다가서며 말을 걸었다. 영국인 다니엘이라고 자기를 소개한다.

나는 한국인이라 하니 갑자기 활기를 띠고 기쁜 표정을 지으며 수첩을 꺼내더니 조그만 여인의 사진을 보여준다. 보니 동양인이다. 궁금한 표정을 지으니 “내 동생의 아내인데 한국인이에요.”라고 좋아서 어쩔 줄을 모른다. ‘제수씨 사진을 갖고 다닌 것도 처음 보네.’ 갸우뚱하면서도 ‘정말 동생을 사랑하는 형이구나.’ 하는 생각이 들면서 그의 따스한 마음이 전해왔다.

자기도 까미노에 도전하여 이렇게 출발하였다면서 꼭 성공하겠다고 각오를 보인다. 방금까지 더위와 시장기에 주눅이 들어 있던 나의 심신이 갑자기 활기를 얻은 듯 힘이 솟으며 한편으론 부끄러운 느낌이 함께 엄습해 왔다.

깡마른 몸매에 하반신을 쓰지 못하는 장애인이 이 멀고 먼 산티아고에 도전했다는 말에 나는 입이 다물어지지 않았다. 영국인으로서 몸은 비록 작고 깡마른데다 허약해 보였지만 커다란 눈은 형형하게 빛났다.

나의 부끄러움이 이 긴 순례의 성공을 가져왔는지도 모르겠다.

엄지를 내보이며 ‘꼭 성공하고 동생 많이 사랑하라’고 격려하고 우리는 앞서 발길을 옮겼다.

한참을 걷다가 문득 이런 생각이 들었다.

‘나의 나태와 의지의 약함을 다독여 주러 온 천사가 아닌가. 하고…’

22.9킬로미터를 걷고 에스테야에 여장을 풀었다.

사람과의 정겨운 만남은 길고 힘든 까미노에서 얼마나 소중한 활력을 주는가! 인생 여정도 그러하리라.

피스테라에서 만난 부부

도보 순례의 마지막 지점인 피스테라에서는 특별 대접을 받았다. 독방에다 침대도 깨끗한 것이라 지금까지 2층 간이침대에서 지낸 시간들을 생각하니 호사스러웠다. 비용도 비싸지 않아 금상첨화였다. 무슨 횡재라도 한 듯 기뻐했다.

피스테라에서 만난 부부- 순박하고 다정다감하다

같은 알베르게의 두부부는 매우 다정해 보였는데 내가 사진 찍을 포즈를 취하니 파안대소 순박한 웃음을 웃어 주었다.

피스테라는 스페인의 땅끝이라 할 수 있는 곳으로 도보순례를 마치면 산티아고까지 가는 버스를 타고 성지에 다시 들어가는 것이다. 921.1KM의 도보 순례는 여기서 끝나는 것이다.

이태리 한 가족의 따뜻한 호의

순례 열나흘째는 물집도 잡히고 감기도 나았다. 그러나 이번에는 발등 위쪽 정강이 부근의 살이 붓고 걸으면 눌려서 아파 견디기

어려웠다. 양말을 발등까지 내리고 바지도 위로 접어 올려 눌림을 줄였으나, 계속 걸으니 살이 눌려서 충혈되어 벌겋게 부어오른다. 정상적으로 걸으면 이 부분이 눌려서 매우 아파 힘이 들었다. 길가의 음료대에서 수건에 물을 적셔 식히고 찜질을 하고 있는데, 우리 곁을 지나가던 한 가족이 벌겋게 부운 내 다리를 보고는 걱정을 하더니 배낭에서 연고와 약을 내어 아픈 부위를 발라주고 약은 까서 먹으라고 한다.

딸과 동행하는 고마운 이태리 부부

이태리 가족인데 우리 또래쯤 되어 보이는 부부와 딸이 함께 순례를 하는 모양이다. 감사한 마음으로 서로 손을 잡고 사진을 찍었다. 자기들도 힘들 터인데 갈 때는 연고(Voltaren Emul 2% gel)와 약을 쓰라면서 주고 간다. 연고는 '염증을 완화시키고, 통증을 해소하는 것'이고 약은 항생제 종류이다.

그 마음이 얼마나 고마운지… 생면부지의 이국인에게 따스한 베품을 주는 데에 나는 깊은 감동을 받았다. 자기들도 아직 많이 남아 있는 순례 길에 어찌 될지 모르는데 귀한 약을 주고 가는 그 마음이 한없이 고마웠다. 나는 이들에게 천사라는 이름을 기꺼이 붙이고 싶었다. 아니 어쩌면 천사들인지도 모른다는 생각이 들었다.

입장을 바꾸어 생각해 보니 부끄러움이 앞선다. 그 가족들의 진심 어린 치료와 걱정에 다시 감사를 드리고 싶다. 남을 도와준다는 것은 이른바 흔히 말하는 인지상정으로, 측은지심에서 나오는 평상심인데 서양 사람들에게서 이런 감사를 받고 보니 이태리에 대한 생각이 달라졌다.

이 약은 바르고 먹고 하면서 나머지 빈 약 캡슐과 연고는 집에까지 가져왔다. 그분들 집안에 늘 하느님의 은총이 충만하시기를 빌었다.

팔순의 독일 광부 교민

독일을 기점으로 구소련의 점령지였던 폴란드 헝가리와 알프스의 낙원이라 하는 오스트리아를 거쳐 크로아티아, 슬로바니아, 체코를 거쳐 오는 동유럽 6개국에 발칸 2개국을 더하는 12일간의 여행이 나를 흥분시켰다.

6년 전 독일, 프랑스, 스페인, 오스트리아를 거쳐 오는 15일간의 배낭여행 이후 갖는 동부 유럽에 대한 기대가 이루어지는 여행의 문이 열렸다. 아시아나항공의 49번 석에 자리 잡은 나는 A석의 박동○(朴東○) 님과 10시간 넘게 이야기를 나누었다. 그의 나이는 80세. 1965년 50여 년 전 독일 광부로 파견된 이후 그의 아내와 만나는 과정까지 소상하게 이야기를 해 주었다.

여행사와 계약을 하면서, 아내는 비행기의 좌석을 창 쪽이 아닌 통로 쪽으로 해 달라고 전화를 하는 것 같았다. 출입이 불편하다고 그랬는데 나는 일부러라도 창 쪽을 원하고 밖을 보는데 더 관심을 갖는다. 긴 여행길에서 무언가 보는 것이 더 배우는 것이라는 생각이 꽉 차 있었기 때문이었다.

승객들이 거의 다 탔는가 싶은데 여태 창 쪽의 좌석 주인은 나타나지 않는다. 아내는 그 좌석이 빈 채로 있으면 얼마나 좋을까 하는 눈치다. 소소한 짐도 올려놓고 여러모로 편할 것이기 때문이다. 그러나 그 바람은 머리칼이 희끗희끗하고 작달막한 노인의 출현으로 깨어졌다.

꽉 찬 짐칸에 신을 벗어 넣고 내가 앉은 좌석을 짚고는 들어 있는 짐을 정리하더니 작지만 무거운 여행 가방을 가까스로 올려놓았다. 그가 들어가자 아내와 나는 자리를 바꾸고 내가 가운데에 앉았다. 나도 은근히 그 자리가 비었으면 했으나 그가 들어앉으니 좀 서운하고 불편하게 느껴졌다. 그리고 그런 나의 생각에 부끄러운 마음이 불현듯 들었다.

그는 경북 어느 마을에 고향을 두고 3개월 정도 머물다가, 주거지인 독일로 돌아가는 80세의 파독 광부 출신이었다. 10살에 일본에서 나왔으며, 아버지는 징용을 피해 산속으로 가족을 옮겨 숯을 구우며 살았고 아홉 살 먹은 자기도 나무를 자르는 걸 도왔다는 것이다. 학생이 적어 전 학년 10여 명이 1, 2, 3학년이 한 학급이 되어 배우고, 4학년이 되면서 30리 큰 학교로 걸어 다녔다는 것이다.

식민지 백성의 모진 고생을 일본 땅에서 맛보고 돌아온 귀환동포인 셈이었다. 그는 1965년 파독 광부 1진으로 독일로 건너와 프랑스 간호원과 결혼하게 되었다고 한다. 자세한 것을 듣지 못했지만 3년 임기를 마치면 귀국해야 하는 당시 광부와 간호원의 처지에 그는 현지인과 결혼함으로써 50년을 독일의 거주민으로 살아왔다는 것을 몇 번이나 되뇌며, 그러나 국적은 바꾸지 않았다며 자랑스레 대한민국 여권을 보여주었다.

3년을 마치고 귀국할 때는 비행기 표도 살 수 없도록 자신들의 임금은 최소한으로 남기고 모두 고국으로 보냈으며 독일에서의 생활은 참으로 눈물겨운 내핍의 생활이었다고 한다. 가난한 나라에 다시 돌아가기보다 독일에서 자리를 잡고 살거나 미국이나 남미 등 세계 각국으로 반 이상이 여러 경로를 타고 들어갔단다.

“그중에는 이런 사람들도 있어요. 독일에서는 큰 토지를 매입해서 무를 재배하여 유럽 각국에 수출하거나, 큰 슈퍼마켓 경영주, 그리고 국회의원, 교수, 의사가 된 사람도 있어요.”

그리고는 한결같이 “왜 고국이 독일같이 되지 못하는지, 서로 싸우기만 하는지 안타까워요!” 하면서 간절한 통일의 염원을 토로하였다. 나는 우리의 처지와 형편, 현재의 사정을 아는 대로 이야기해 주며 신뢰가 없으면 어찌 한 가족인들 화합이 되겠나, 엊그제 수소폭탄 실험을 한 것 등 불장난을 치니 어찌 믿고 북을 돕고 같이 손잡고 나가겠나, 젊디젊은 3대 세습 자가 버티고 으스대며 거드름을 피우니, 어찌 신뢰를 쌓을 수 있겠나. 독일의 통일과는 다른 안타까운 사정을 얘기했다. 그래도 그는 마음속으로 우리의 통일을 간절히 염원하고 있었다.

“선생님의 그 생각들이 밖에서도 힘이 되어 세계가 바라는 통일이 되면 좋겠지요. 자그마한 성냥 꼬투리의 불꽃이 온 산을 태우고 온 들을 태우듯이, 광부들과 간호원들의 그 피눈물 나는 내핍의 불씨가 그것을 잘 살린 지도자의 솜씨로 들불을 일으켜 짧은 시간에 우리의 가난을 태우고 그 위에 건설과 제도의 발전을 세운 것이지요. 우리는 그것을 고맙고 다행스럽게 생각하고 있습니다."

나의 짧은 시국관을 이야기해 주었다. 나는 정중하게,

"선생님 같은 외국에 사는 분들이 조국을 위해 많이 애써 주십시오."

마지막 인사를 나누며 그의 손을 잡았다. 따스한 온기가 전해왔다.

고향 가는 길

국내 국외 여행을 그런대로 많이 했지만 나이가 들어가니 크루즈여행을 하고 싶다고 아내가 종종 채근을 한다. 우선 산뜻한 배의 외관과 어마어마하게 큰 덩치에 기가 죽을 만하면서도 어쩐지 친근감이 가고 나도 꼭 한 번 이 여행을 하고 싶다. 그러나 아내가 바라는 남미를 돌아보는 크루즈선의 여행은 그 경비가 많아 상당 기간 작심하고 경비를 비축해야 할 것 같다. 이런 계획을 하고 보니 내 마음은 벌써 망망한 대해를 가볍게 헤치고 나가는 하얀 선체가 초록빛 바다와 어울리는 모습을 보는 것 같아 설렌다.

내가 배를 처음 탄 것은 초등학교 5학년 올라간 직후, 아버지의 전근을 따라 남해 노량에서 부산까지 가는 연안 여객선 남해호를 탄 것이었다. 당시 노량에는 바지선이나 계류장이 없어 짐과 사람을 노 젓는 작은 배가 큰 배 곁에까지 가서 대면, 줄 사다리를 타고 오르는 것이었는데, 어린 나는 오르내리면서 무척 놀라고 겁을 집어먹었던 기억이 난다.

읍에서 살아도 이층집이라고는 몇 채 되지 않는 시골 생활에서 그 배는 어마어마하게 큰 것으로 알았다. 그러나 한참 뒤에야, 300여 톤 내외 연안을 오가는 데 적당한 크기의 배라는 것을 알았다. 방학이 되어 고향으로 가기 위해서는 반드시 이 배를 타야 하니 일 년에 왕복 두 번씩은 꼭 타게 되었다. 지금이야 도로 교통이 발달되어 2시간 남짓이면 가는 길이 되었지만, 당시에도 버스가 있기는 했지만 거의 하루 종일 걸리는 답답함보다는, 거의 이 배 교통에 의지하는 형편이었다.

당시는 8시 부산항을 출발하여 남해에 도착하면 겨울에는 어두워지는 경우가 허다했다. 남항을 빠져나와 몰운대 끝자락을 돌며 기적을 울리면 낙동강의 흐린 물이 바닷물과 어울려 물결이 심하게 요동을 치는 이른바 삼각파도가 펼쳐진다. 멀리 가덕도의 하얀 등대를 바라보며 달려가면 심하게 출렁거려 여기에서 대부분이 멀미를 하고 선실 바닥에 뒹굴기도 했다. 멀미로 배 안은 온통 역한 냄새가 진동했는데 이 냄새에 덩달아 멀미를 하기도 했다.

그러나 이 가덕도를 돌아 들어가면 바다는 호수처럼 잔잔해지고 대통령 별장이 있다는 저도를 지날 때는 짙은 숲이 거울 같은 바다에 비쳐 아름다운 풍경을 이루곤 했다. 겨울철에는 청둥오리들이 까맣게 바다를 덮기도 했다.

나는 주로 뱃머리 난간에 기대 선수에서 부서지는 하얀 물보라에 정신이 빼앗기거나, 청승스레 노산 선생의 가고파를 부르곤 했다.

성포를 돌아 거제도와 통영의 해협을 돌아들면 충무의 번잡한 항구가 보였다. 이때는 대개 점심때가 되어 배가 대기도 전에 함지박을 든 장사꾼들이 “충무 김바압”을 외치며 쏜살같이 들이닥쳤다. 속도전이었다. 무김치와 호래기 꼬지에 밥만 김에 자그맣게 만 김밥은 식욕을 돋우었다. 매번 이것을 사 먹는 것은 그리 흔치 않았다.

거기서 사람들이 내리면 한참 동안 짐을 부리고 해협을 빠져나가 삼천포에 닿게 된다. 학섬을 곁에 두고 뱃고동을 울리며 남해 노량으로 들어선다. 때맞추어 노 젓는 배가 여수 가는 손님과 짐을 싣고 오면 먼저 큰 배에 태우고 옮겨 실은 뒤, 우리들이 다시 그 배를 타고 육지에 닿는 것이었다. 그러면 기다리고 있던 버스가 우리를 싣고 한참을 달려 읍에 닿게 되는 것이었다. 손님이 많을 때는 짐짝과 같이 부대끼며 힘겹게 읍에 닿는 것이다.

그 이후에 사람들의 왕래가 많을 때나 명절 전후에는 배가 물에 잠기듯이 항구를 빠져나가고 손님이 많을 때는 두 척이 경쟁을 하듯이 항구를 빠져나가는 모습이 큰 구경거리였다.

당시 오가는 짐과 사람들이 많으니 배도 불어서 금성호, 갑성호, 보성호, 경복호, 태안호, 남해호 등이 이 항로를 다녔다.

이제 그런 향수는 사라졌다. 그 뒤 제주도 가는 배를 몇 차례 탔는데 연안 여객선의 스무 배가 넘는 큰 배인데도 대해(大海)로 나가면 나뭇잎처럼 흔들렸다. 오후 7시에 출발하면 다음 날 5시쯤에 닿아 상당히 많은 시간이 걸렸다. 그 뒤에 일본을 가면서 9천 톤급 배를 탔는데 제주도보다 훨씬 시간이 단축되었다. 최근에는 공기부양선을 타니 두어 시간에 일본에 닿아 이웃처럼 가깝다는 것을 느낀다. 바다 교통도 시대의 빠른 발전에 따라 많이 변했다.

2014년에 300여 명을 수장시킨 세월호도 6,800톤급의 큰 배였다.

이런 배도 바다에 나가면 장난감같이 된다. 이른바 일엽편주가 된다. 육지와 하늘의 교통과 함께 바다의 교통도 주로 화물을 대량으로 운송하는 수만 톤 내지는 수십만 톤의 배들이 움직이고 있으니 바다 교통도 상당히 발전해 온 것이다.

다시 크루즈선을 살펴보자. 우선 그 크기가 상상 이상이다. 세계에서 가장 큰 크루즈선은 STX에서 건조한 오아시스호인데 길이만 361미터라 하니 그 크기가 어마어마하다. 교실 한 칸 길이가 대개 10미터이니 교실 36개 길이다. 너비는 47미터 높이는 72미터나 되어 부산항대교(상판 높이 60m)를 지나올 수 없는 높이이다. 승객 5,400명에 승무원 2,165명이라니 만선이 되면 큰 도시가 움직이는 격이다. 이런 큰 덩치가 시속 40km의 속도로 달린다니 놀랍다. 18층의 높이에 방만도 2,700개라 한다.

1912년도 진수하여 첫 항해에서 불행하게도 빙산과 충돌하여 가라앉은 타이타닉호가 52,310톤에 2,223명을 실었다 하니 오아시스호의 크기가 짐작이 간다. 무려 22만 톤이라 하니 기가 막힐 지경이다.

하나의 큰 마을이요, 하나의 큰 도시다. 이것을 이용하게 될는지는 모르지만 어린 시절 고향을 가기 위해 300톤 연안 여객선을 기다리던 설렘이 모처럼 되살아난다.

소중한 체험

코로나19로 여행의 문이 닫히니 그동안 다녀온 두어 군데 여행이 생각난다.

보물섬 작가 스티븐슨은 "걷는 것은 여행하는 기쁨을 얻기 위해서다."라고 갈파했다. 나 또한 '기쁘고 즐겁고 행복을 주지 않는다면 무엇 하러 여행을 떠나겠는가?'

기차나 비행기를 타고 훌쩍 먼 미지의 나라로 가서 계획된 스케줄대로 따라다니는 여행이 아니라, 자유롭게 나의 신체 조건에 맞는 느림의 여행, 걷기 여행이 나는 진정한 여행이 아닐까 생각한다.

난고 김삿갓은 조부를 탄핵한 자책으로 자기 스스로 평생 강요된 걷기를 했으니 이는 개인적으로는 시련이자, 역경의 시간들이었을 것이다. 이는 여행이 아니라 방랑이다.

걷는 여행은 어느 것에도 걸림이 없이 자유롭게 느림의 미학을 실천하는 것이다. 힘들고 고되지만 주변의 자연이 나의 지친 몸에 생기를 넣어 주고 한없이 걷는 지루함을 씻어준다. 돌멩이 하나, 풀 한 포기, 수많은 야생화의 자유로운 한들거림, 방금 돌 틈 사이로 모습을 감추는 도마뱀의 꼬리, 무지하게 크고 아프리카 원주민보다 훨씬 새까만 달팽이의 느릿한 몸짓, 유령이라도 나올 듯 으스스한 숲, 키대로 자란 유칼리투스의 군락…. 항상 '나'라는 존재에 대한 철저한 위장과 정체성의 유지를 위해 모든 생각과 말과 행위에 집중하던 나의 모습이 어느덧 그 구속으로부터 벗어나서 먹는 것, 입는 것, 행동하는 모든 것이 자유 위에서 이루어진다. 즉 가면을 벗어던진다. 사회적 지위, 개성, 늘 압박하며 조여 오는 개인적 책임 조차도 이 시간만은 나의 뇌리에서 잊힌다. 이 걷기가 고되고 등짐이 무거워질수록 자유는 더 확연해진다.

그때가 1965년이니 꼭 55년째가 된다. 오늘이 8월 1일이니 바로 출발한 날이다. 영호남 4개 도를 둘러오는 15일간의 이른바 무전여행이 지금까지 나의 여행벽을 이끌어 온 향도자였다. 나무 한 그루 없는 구포 둑을 걸어 진해까지, 다시 경화터널을 손전등도 없어 빠져나와 창원역까지 가는 첫날의 트레킹이 시작이었다. 거제도, 한산도, 남해도, 쌍계사, 화엄사, 장수, 곡성, 육십령, 거창, 대구, 부산으로 회귀하는 15일.

그리고 40년이 지난 2005년 안나푸르나 베이스캠프를 돌아오는 10일간의 트레킹을 하였다. 한없이 맑은 공기, 양떼와 그들을 닮은 순수한 어린이들과 아스라한 계곡, 밤사이 내려 길을 덮어버린 무릎까지 오는 눈부신 백설, 병풍처럼 둘러싼 설산의 웅장한 경관…. 산악인들이 죽음을 목전에 두고도 이 숭엄한 자연의 아름다움에 자신을 던지는 이유를 알았다.

나는 젊은이들에게 힘들고 고된 걷기 여행을 자주 해보도록 권한다. 어려운 내일을 살아가는 데에 인내가 얼마나 소중한 것인지,

2005년 1월, 안나푸르나베이스캠프에 올라 (뒤가 안나푸르나 정상)

내가 존재하는 이 지구의 아름다움이 어떠한지 배우는 좋은 방법이라고 덧붙여 말해준다.

2016년 34일간 걸어본 921.1km의 산티아고 순례길은 걷기의 기쁨을 맛보는 소중한 체험이 되었다. 2015년에 혼자서 다녀온 아내와 함께 가는 순례길이라 더욱 의미가 있었다. 얼마나 좋기에 퇴직을 앞당겨 하고 나와 다시 가겠다고 하는지…. 10년 가까이 염원하던 산티아고 순례를 덜렁 허락하고 말았다. 순례길의 출발점인 프랑스의 산골 마을 생장에 도착하는 과정은 수월치 않았다. 동선을 잘 챙겨야 한다.

심한 비바람에 피레네산맥의 1,450m 고지를 넘는 것은 비바람

속에서는 그야말로 악전고투라는 말이 맞을 듯하였다. 어느 여류 소설가는 유언장을 써놓고 출발했다 하는데, 실천하지는 않았지만 나도 그런 마음을 먹었다. 등짐은 더욱 무거워지고 장딴지에 내린 쥐는 고관절의 통증과 함께 나를 괴롭혔다. '과연 이 산을 넘을 수 있을까? 그리고 남은 거리는 어떻게 걸어갈 것인가?' 그러나 나는 20일간의 포르투갈과 스페인의 여정까지 포함한 54일의 순례를 무사히 마쳤다.

피레네의 악천후를 이겨내니 그다음은 심한 목감기와 발의 통증이 한동안 괴롭혔다. 내 신체의 현주소가 뚜렷이 보이면서 이를 이겨내야겠다는 정신적 의지가 나를 깨워주었다. 그것은 맑은 시내와 짙은 숲과 끝없이 펼쳐진 초원과 아름다운 마을을 아우르는 높은 성당의 첨탑을 만나는 것이고, 성전에 꿇어 여기까지 이끌어 주심에 감사하는 마음들이었다.

멀리 붉은 지붕을 인 마을이 아스라이 보이고 성당의 첨탑이 수호신처럼 지켜선 아름다운 마을들에 들어서면, 한 곳을 향하여 땀 흘리며 걸어가는 지친 그러나 정다운 동행인들이 만나 반가운 인사로 서로를 위로하였다. "부엔 까미노!" 마을마다 있는 성당에 들러 여행자카드에 스탬프를 찍고 성체조배를 하고 미사가 있는지를 살피는 것이었다.

심한 몸살과 통증이 한풀 꺾인 순례 12일째 작은 마을 중앙에 자리 잡은 낡은 성당으로 들어갔다. 뜻밖에 미사 직전이었다. 겉과 달리 아주 자그마한 성전이지만 깨끗하고 아담하여 성스러운 영감이 뿜어 나오는 느낌이었다. 앞자리에 자리 잡고 조배를 하는 사이

2016년 5월, 산티아고의 멀고 먼 순례길

미사가 시작되었다. 말씀은 알아들을 수가 없었으나 의식 절차가 우리와 같기 때문에 우리말로 기도를 하고 절차에 따랐다. 신자의 독서가 끝나고 신부님이 성경을 봉독할 때 문득 콧날이 시큰해 왔다. 의미도 모르는 신부님의 강론을 들으면서 나도 모르게 훌쩍이기 시작했다. 아내가 눈치를 채고 나를 옆 질렀으나 무언지 모를 충만함에 부끄러운 줄을 몰랐다.

저 신부님의 경건하고 겸손한 모습을 통해서 내가 왜 이 순례길을 가야 하는지 문득 깨달음이 밀려왔다. 저 신부님이 받드시는 분이 누구며, 지금 우리가 찾아가는 산티아고에 묻혀 계시는 야고보 성인이 목숨을 걸고 증거하신 분이 누구시냐. 그리고 내가 찾는 분은…. 나도 저 신부님과 야고보 성인과 함께 스스로 죽음을 택해 우리를 구원하신 예수님이 후광처럼 뒤에서 우리를 안아주심을 느낀 것이었다. 이것은 어디에서도 맛보지 못한 기쁨이고 행복한 순간이었다. 미미한 나에게도 오시는 분, 이 힘들고 고통스러운 순례길이 결코 힘들지 않다는 것을 깨우쳐 주었다.

남은 22일의 순례가 힘들었지만 마음은 한없이 행복했음을 말하고 싶다. 비록 등짐은 무겁고 무릎의 통증은 그대로였으나, 내가 가진 나태와 버릇은 이제 버려야 할 짐이란 것을 느꼈다.

여행은 산책이나 나들이쯤이 아니다. 목적을 가지고 그 무엇을 찾아나서는 치열한 자기와의 대화다. 우리 삶은 시간의 여행 속에 있는 것이 아닌가. 허투루 살 일이 아니다.

"길을 걷는 사람은 자기 시간의 유일한 주인이다."

브르똥의 경구다.

길동인 가을 문학답사

10월 정기회의는 함안 지역 문학답사로 정해졌다.

간단한 자료를 만들고 물과 과일을 준비하고 교대역 부근, 해마다 모이는 한양아파트 정문 앞쪽에 모였다.

어린 시절 소풍을 떠나듯 어젯밤에는 잠도 잘 오지 않았다. 어린 아이처럼 즐거움에 들떠서라기보다 어떻게 안전하게 불편 없이 잘 다녀올까라는 운영자로서의 걱정이었다.

모두 15명, 작년 밀양 갔을 때의 수와 같다. 그 사이 흰샘 동인이 유명을 달리하고, 강동수 동인은 명단에서 지워졌기 때문에 회원 수는 줄었지만, 이해인 동인의 동료 수녀님과 최화웅 동인의 부인이 함께하여 같은 수가 된 것이다.

김상원 동인의 봉고는 내가 운전을 하고, 정경주 동인의 승용차가 함께 출발했다. 공재동 동인은 창녕에서 바로 함안의 서산서원으로 오기로 약속되었다.

2004년에 학교 동료인 조성래 선생이 마침 어계(漁溪) 조려(趙旅) 선생의 후손으로 그곳 사정에 두루 밝아서 배도식, 김유경, 박일호 선생과 내 차로 하루를 다녀온 몇 년 전의 기억을 더듬으니 오늘 나들이에 그나마 위안이 되었다.

먼저 찾아간 서산서원은 우리를 반가이 맞았다. 당시는 오른쪽에 정자를 짓느라 부산한데다 파놓은 배수구에 묻을 큰 도관이 널브러져 있고, 잘 다듬어진 돌들도 곳곳에 쌓아놓고 입구는 한창 공사 중이었는데, 당시의 모습을 일신하고 서원 남쪽 편으로 넓은 주차장과 집안의 어른들을 추모하는 석물들을 많이 세워 주변이 완연히 달라졌다.

어계(漁溪) 조려(趙旅) 선생께서는 김시습(金時習)・남효온(南孝溫)・이맹전(李孟專)・성담수(成聃壽)・원호(元昊)와 더불어 생육신이라 하거니와 무자비하게 죽음을 당한 사육신과 함께 그들의 충절을 생각하니 마음이 숙연해진다. 당시 우의정으로 계시던 나의 선대 애일당(愛日堂) 분(苯)께서 계유정난(癸酉靖難)의 화를 입었으니 더욱 나의 마음은 비감하다.

서원을 들어서면 거북좌대 위에 '貞節公漁溪趙先生行蹟碑'라고 쓴 비각이 우뚝한데 어계 선생의 행적이 적혀 있다.

"… 朝鮮朝의 死六臣과 生六臣의 忠節과 大義를 지켜서 가히 죽을 죽음에 죽기도 하고, 자취를 감추어 泉石膏盲이 되기도 하고 거짓 귀머거리와 소경으로 稱託하기도 하고, 세상이 싫어서 放浪의 길을 택하기도 하여 그 行蹟은 일정하지 않으나 義를 지켜온 精神은 같음이다…."

삼면으로 빼곡히 적힌 글은 1983년 2월로 전 부산대학교 이동영 교수의 찬撰 이다. 서원철폐령으로 훼철(1871)된 이후, 정부의 지원과 후손들에 의해 1984년, 113년 만에 지금의 모습으로 복원된 것이다. 뒤편 오른쪽으로 육모기둥형의 생육신 탑이 서 있는데, 각 면마다 한 분씩의 약전이 적혀 있다.

가까이 있는 채미정(菜薇亭)은, 어계 선생이 세조의 왕위 찬탈에 모든 것을 버리고 군북면 원북리에 자리를 잡고 집에서 가까운 이곳에 이 정자를 세우고 지냈다고 한다. 정면 4칸, 측면 3칸, 단층 팔작지붕으로써 중간 방을 두고 사방으로 마루가 있는 독특한 정자이다. 건물 정면에 방형 연못이 있고, 이곳을 가로지르는 난간 달린 다리가 놓여 있다. 북쪽 절벽을 청풍대(淸風臺)라 하는데 그 위에 육각정이 자리 잡고 있다. 문풍루(聞風樓)라고 하는데 좁은 곳에 아기자기한 조경을 멋스럽게 해두었다.

대청마루에 앉으면 백이산의 두 봉우리가 보이는데 각각 백이봉 숙제봉이라 명명했다 하니 어계 선생의 정신이 드러난다고 하겠다. 채미정 현판 좌우로 '百世', '淸風'이라는 커다란 두 글자가 붙어 있는데 주희 선생의 글씨체라고 한다. 백이숙제의 고사를 설명하는 목재 선생의 식견이 돋보인다. 한 세대를 30년으로 본다면 백 세대 즉 삼천 년의 맑은 바람일 터이니 오래오래 영원 무궁히 청렴한 정신을 일깨우는 말이라 할 것이다.

서로 왕위를 사양하다가 함께 나라를 떠나는 형제애도 그러하지만, 의탁했던 무왕의 폭정에 항거하여 수미산으로 들어가 고사리를 먹다가 굶어 죽었다는 고사는 사마천의 문학적 트릭이 아닐까? 여하튼 이러한 정신을 닮으려 한 어계 선생의 정신을 읽는다는 것은 오늘 여정의 중요한 의미가 아닐까 생각해 본다. 서쪽 편 마을에 있는 어계 생가는 다음 여정으로 가지 못했다.

식당의 바로 곁이 무진정(無盡亭)이다. 무진정은 조삼 선생의 덕을 기리기 위해 후손들이 세우고 그 호를 따서 이름을 붙였다 하는데 암반 위에 서 있는 정자의 풍치도 그렇거니와 제법 큰 연못 위로 가로지르는 길목의 엄청나게 큰 노거수는 이곳의 역사를 가늠하게 한다.

매년 석가탄신일에 열리는 '함안 낙화놀이'는 군민의 안녕을 기원하는 뜻에서 매년 이곳 무진정 일대에서 치러지는 고유의 민속놀이다. 함안 낙화놀이는 연못 둘레의 기둥과 연못 가운데 기둥을 세우고 수백 개의 줄을 치고 그 위에 연등을 달고 연등과 연등 사이에 한지에 참나무 숯가루로 만든 낙화를 수천 개를 매달아 이 낙화에 불을 붙여 꽃가루처럼 물 위에 날리는 불꽃놀이이다. 일제강점기에는 민족 정기 말살정책에 따라 중단되었다가 1985년 복원되어 매년 행사를 실시한다고 한다.

작년 초파일에 수소문 따라 이곳에서 낙화의 장관을 보아서인지 오늘 보는 것들이 새삼스레 반갑다. 넓은 도로 양옆으로 차량이 즐비한데, 행사장에서 2km나 가서야 주차할 곳을 겨우 찾았다. 걸어 행사장에 도착했을 때에는 어두워지고, 뱃사공 차림의 젊은이들이 배를 띄워 하나하나에 불을 붙이고 있었다. 조금씩 타들어 가던 불꽃이 떨어지면 아래의 연못물에 불꽃이 비쳐 수면에서 만나는 것이 장관이었다. 불꽃이 떨어지는 동시에 물 아래에서 치솟아 오르듯 움직이는 불꽃 그림자와 수면에서 만나는 것이다. 큰 연못 둘레에 매달린 수천 개의 불꽃들이 동시에 타들어 가자 중앙에서 누군가가 줄을 흔들어 주는 모양이다. 동시에 불꽃들이 좌르르 흘러내리면 주변의 수천 사람들이 신음하듯 탄성을 지른다. 이것들이 하나의 목소리로 뭉친다면… 일제가 두려워한 것이 이것이 아닐까?

박물관에 들러 꼼꼼히 살피는 중에 일행은 고분군에 갔다 온 모양이다. 두 번이나 본 곳이지만 덕분에 박물관은 좀 자세히 볼 수 있었다. 가야사를 복원한다는 당국의 발표가 어떻게 귀결될지는 모르지만 육가야의 고분군이나 유물들을 상고해 볼 때 그 의미가 크다고 하겠다. 백제 고분을 열다가 닫아버리고, 임라도래설을 끈질기게 물고 늘어지는 일본의 야욕을 일거에 막을 방법이 될는지 기다려진다.

악양정 가는 길에 차가 막혀 되돌아오는 일이 생겼다. 이곳 행사로 길이 막힌 것이다. 청남 오재봉 선생의 악양루 현판을 볼 수 있겠거니 했는데 아쉽지만 다음 기회로 미루었다. 남강을 바라보는 경치도 꽤 좋은 모양이었다.

마지막 합강정은 낙동강과 남강이 만나는 곳으로 의령과 경계를 짓는 곳인데 정자로 들어가는 길이 험해 매우 조심스러웠다. 넓은 강 저편이 의령이라는데 배라도 띄우면 됨직한데 어디에도 그 흔적이 없다. 지난봄 찾아본 함안 둑길의 아름다운 경관을 생각하면서 이곳을 한 번 더 오고 싶은 곳으로 새겨두었다. 큰 막사를 짓고 혼자 농사를 지으면서 사는 중노인은 '혼자서 다 먹지도 못해요.' 하면서 잘 가꾼 채소를 서슴없이 따서 나누어 준다. 모과는 큰 자루 가득히 안겨준다.

넘어갈 것이 걱정이 되었지만 무사히 넘어왔다. 평지에 와서 앞차에 전화를 하려고 찾으니 안 보인다. 잠시 차를 세우고 찾아도 보이지 않는다. 앞서간 차에 전화를 해도 없다고 하고, 귀신이 곡할 노릇이다. 뒤에 오는 공 시인에게 전화를 해도 안 보이더란다. 아마 길이나 그곳 밭고랑에 빠졌는지도 모르겠다고 하면서 뒤이어

나오는 공 시인의 차를 돌려서 타고 다시 험한 길을 내려가려는데 전화가 왔다. 찾았으니 오라는 것이다.

가까스로 차를 돌려 가니 모두가 파안대소 눈짓하는 곳을 보니 목재 선생의 뒤 범퍼 위에 내 전화기가 덩그러니 놓여 있다. 그 가파른 곳을 올라오면서도 떨어지지 않고 놓여 있다. 아까 합강정 마당에서 봉투를 적느라고 그 위에 얹어 두고 그냥 차는 올라가 버린 것이다. 이런 건망이라니!

뜻이 있는 곳에 길이

지난 5월 12일 출발하여 7월 4일 54일간의 산티아고 순례길을 마치고 집으로 무사히 돌아왔다. 정확히 말하면 34일간의 순례길과 20일간의 포르투갈과 스페인의 관광여행이었다고 하겠다. 그리고 여기에는 국내 성지순례와 문학탐방 사흘이 들어 있다. 무사히 돌아왔다는 말에는 나름대로 힘겨운 순례길이었다는 의미가 들어 있다.

작년 아내와 함께 이 길을 가기로 애초에 약속이 되어 있었다. 이것은 벌써 10여 년 전부터 여기에 대한 책을 찾아 읽고 나름대로 그림을 그려 온 계획된 것이었다. 막상 비행기 표를 예약하는 그 순간까지 아내는 나의 동행을 기다리고 기다렸지만 나는 응하지를 못했다.

축구와 유도를 하다 다친 무릎이, 피레네산맥을 넘고 921킬로미터의 낯선 길을 10킬로그램이 넘는 무거운 짐을 지고 가는 것이 자신감을 무디게 하였다. 결국 아내는 혼자 힘으로 비행기 표와 호텔을 예약하고 나만 혼자 덩그러니 남겨 두고 떠났다.

아내는 이 길을 걷기 위해 한 해 일찍 명퇴를 하고 홀가분하게 준비를 했다. 그리고 긴 순례여행을 떠난 것이다. 나는 혼자 남아 47일간을 밥을 끓이고 빨래를 하는 등 일상의 생활을 해 나갔다. 아내의 잔소리가 없어지니 어찌 그리 홀가분한가. 자유로운 내 하루하루의 생활이, 밥을 제때에 먹지 않아도 양말을 아무렇게나 벗어 던져도 자정이 넘도록 컴퓨터를 만져도 아무런 제약이 없었다. 40년 동안 가정을 꾸려가면서 이렇게 긴 시간을 혼자 있지 않았으니…. '이제 옛날 좋아했던 사람도 만나보고 멋진 찻집에서 시간 모르게 다와 음악을 즐기고…' 그러나 일이 그렇게 되는 것이 아니었다. 이제 더욱 바빠졌다. 안 하던 가사 일(전혀 안 한 것은 아니지만)이 하나 더 끼었으니 일상의 일들이 그렇게 쉽게 무너지지 않았다. 한 열흘쯤 지나니 아내의 잔소리가 없는 집이 너무 쓸쓸하고 하고 밤은 외로웠다.

"오늘 35킬로를 걸었어요." 하는 카카오톡 문자와 사진이 오면서부터는 '이것 장난이 아니구나. 하루 35킬로 90리를 걷다니. 기장의 정관 우리 집에서 자갈치 시장가는 길보다 더 멀구나!' 하는 생각에 앞으로 남은 길을 걱정하지 않을 수 없었다. 아내가 오는 날 인천공항까지 업그레이드도 안 된 8년 전의 내비게이션을 믿고 차를 몰고 갔다가 혼이 났다. 그 사이에 얼마나 길이 변했는지. 세상이 변하듯이….

47일간의 산티아고 순례길을 마치고 오는 길로 자신이 붙은 아내는 나와 동행하여 한 번 더 갈 궁리를 하더니 작년 말에 덜렁 내 비행기 표를 예약해버렸다. "그래 봅시다." 하는 내 어정쩡한 말을 승낙하는 것으로 치부하고는 가장 값이 싼 시기를 골라 일을 저질렀다.

일상의 버릇을 고치는 것은 어렵다. 담배를 끊는 것도, "당신 더 태우면 죽소." 하는 의사의 말을 듣고도 고쳐지지 않는다. 술도 그렇고. 만사가 그러하다. 습관이란 것이 어디 하루아침에 만들어진 것인가. 가까운 마트에도 들고 올 짐이 있다는 핑계로 차를 가져가고, 1킬로 남짓한 목욕탕도 차를 가지고 나갔다. 시간이 절약된다는 역시 핑계다.

'이제 5개월 후면 떠난다. 걸어야 한다. 무거운 짐이 어깨를 억누르고 아픈 무릎은 아우성을 칠 것이다.' 생각이 꼬리를 물면서 하루아침에 내 생활의 패턴이 바뀌었다. 바꾸지 않을 수 없었다. 올새해 첫날 내 만보기에는 24,000이라는 숫자가 찍혔다. 다음 날은 13,363보, 13,497보, 13,768보…. 첫날 20킬로 가까운 거리를 걷고 나니 온 만신이 아팠다. 그러나 매일 걷지 않으면 안 된다는 목적의식이 생기니 다음 날도 계속 이어질 수 있었다.

아프면 정형외과에 가서 주사를 맞고 물리치료를 하고 만약을 위해 진통소염제를 지어 모아 나갔다. 결국 가기 며칠을 남겨두고 담당 의사에게 산티아고 순례 출발을 이야기를 했더니, "선생님 100킬로 정도만 걷고 무리하지 마십시오." 하고는 걱정스레 말렸다. 초등학교 제자인 김 박사의 말에 "그래 보마."고 답했지만 '그렇게는 안 되겠는데….' 하는 마음이 강하게 일었다. 이웃의 한방에서 침을 맞고 관절에 좋다는 계족탕(鷄足湯)을 세 제나 지어서 먹었다. 매일 목욕탕에 가서는 냉온탕으로 안마탕으로 몸의 저항력을 길러 나갔다. 5개월은 후딱 지나갔다.

첫날 피레네산맥의 가파른 3킬로 길을 오르면서 왼쪽 다리에 쥐가 났다. 무거운 짐이 무리가 간 것이다. 가까스로 풀어가면서 27킬로미터의 산을 넘었을 때는 10시간 30분을 걸은 뒤였다. 5월 14일 첫날의 트레킹은 짙은 안개와 비닐 커버가 찢어지는 비바람 속에서 무거운 짐을 등에 지고 쥐가 난 다리를 끌면서 70리 길을 걸어, 1450미터 고지를 넘는 기록적인 날이 될 것이다. 5월 중순인데도 녹다만 눈덩이가 길가에 쌓여 있었다. 짙은 숲에 낀 안개는 옅은 빛을 받아 환하여 무언가 뒤에 숨은 듯 환상적인 분위기를 자아내었다. 프랑스의 국경을 넘어 스페인의 오래된 수도원의 마지막 방에 겨우 짐을 풀 수 있었다.

비를 맞고 무리를 한 탓에 기침을 심하게 하고 오슬오슬 한기가 들면서 몸살기가 있었다. 결국 사흘을 지나고 4일째는 길가 긴 의자에 그대로 드러누워 버렸다. 따끈한 햇살이 그렇게 좋은 적이 일찍이 없었다. 그리고 점심을 먹기가 바쁘게 두꺼운 옷을 걸치고 담요를 덮은 채 침대에서 땀을 쏟았다. 이날이 34일 중 가장 적게 걸은 날이다. 14킬로미터.

다음 날은 여력을 모아 38킬로미터를 걸음으로써 놓쳤던 동행인을 만날 수 있었다. 한동안 기침을 하면 가슴이 아플 정도였지만 아내의 각별한 음식 준비와 배려로 10일이 지나면서 완전히 원기를 회복했다. 물론 하루도 거르지 않고 25킬로미터 이상을 걸었다. 무릎의 통증은 강력한 보호대가 지탱하고 두 개의 스틱은 짐을 가볍게 해 주었다.

새벽 6시 출발하면서 아내와 먼저 아침기도를 올린다. 그리곤 평소에는 잘하지 못하던 삼종기도를 바친다. 맑은 새벽 공기가 폐부를 씻어낸다. 아침 이슬이 촉촉한 들길로 나서면 어둠 속에서도 새들이 청량한 노래를 부르고, 미명이 가시면 길가의 야생화가 싱그런 모습으로 정신을 빼앗아 간다. 한 바퀴 빙 둘러보아도 지평선뿐. 넓은 들에는 포도나무와 밀밭이 끝이 없고, 야생화를 가득 품고 있는 건초밭이 끝없이 펼쳐진다. 마을 입구에는 그 마을에 맞을 법한 다리가 놓여 있고 그 아래로는 맑은 물이 넘쳐흐른다. 대부분 800미터의 고원지대에 어디서 이런 물들이 들을 적시고 마을을 휘돌아 나가는지, 축복받은 땅임을 절실하게 느꼈다.

마을과 마을이 이어지는 이 길은 멀리서부터 드러나는 성탑을 보고 걸어간다. 마을로 들어서면 중심부엔 성당이 자리 잡고 그 앞을 지나도록 노란 화살표는 우리를 이끈다. 햇살이 퍼지면 끝없이 서쪽으로 가는 길엔 나의 긴 그림자가 눕는다. 한동안 밟고 나가 정오가 넘으면 그림자는 바로 내 오른쪽에서 같이 걸으며 인사를 나눈다. 햇살이 더 뜨거워지기 전에 한 걸음이라도 더 걷기 위해서 재촉하는 발걸음에 땀이 비 오듯 하다.

이른 아침 6시에 출발지만 걸음이 느려 우리는 대개 오후 4시쯤 되어야 목적지로 정한 알베르게에 도착한다. 긴 다리의 외국인들이 우리를 수없이 지나간다. 그들은 반드시 "올라 부앤까미노"를 외치면서 웃어 준다. 한참 가다가 바나 가게를 지나면 그들은 의자에 앉아 와인을 잔 가득 부어 마시며 한담을 한다. 그들의 쉬는 시간이다. 우리는 잠시 목을 축이고 계속 걷는다. 한동안 가면 또 그들이 우리를 앞서가며 인사를 던진다. 목적지에 가면 그들은 이미 빨래를 마치고 샤워를 한 뒤 반바지 차림으로 쉬고 있다. 이런 날이 계속되어도 우리는 프랑스 생장의 사무실에서 내어 준 34일의 순례 코스를 30일 만에 마쳤다.

'산티아고'는 성 야고보의 스페인식 발음이다. 일찍이 열두 사도 중 예루살렘에서 처형된 야고보 성인의 시신이 돌배에 실려 닿은 곳이 스페인의 서단 대서양의 파도가 하얗게 부서지는 묵시아다. 어딘가에서 그 시신이 묻혀 있던 것을 발견하여 이곳에 묻고 성당을 세웠는데 이 도시가 산티아고 데콤보스텔라가 된 것이다. 30일 만에 이곳 산티아고에 닿은 것은 하느님의 도움이다. 나는 밤마다 "오늘 이 길을 온전히 걷게 해 주시어 감사합니다. 내일도 여정을 지켜주십시오." 하는 기도를 간절하게 드리면서 잠자리에 들었다. 그리고 충분히 푹 잤다.

산티아고는 여러 갈래의 길을 통해 수많은 순례객들이 몰려든다. 800킬로미터를 걸어 지칠 대로 지친 걸음은 산티아고에 도착해도 깊은 감회가 찾아오지 않았다. 아직 묵시아로 돌아오는 120킬로미터의 여정이 남아 있기 때문이다. 어디엔가 앉고 싶고, 눕고 싶은 심정이었다. 내일은 다시 묵시아로 스페인의 최서단 피스텔리 이른바 스페인의 땅끝을 다녀와야 한다.

4일간 120킬로미터의 마지막 길을 돌아 다시 산티아고에 왔을 때 비로소 안도와 함께 깊은 감회가 찾아왔다. '드디어 산티아고의 순례를 마쳤구나. 야호!'

산티아고 성당 맨 앞자리에서 두 시간을 기다려 미사를 드리고 여섯 명이 당기는 큰 향로가 향을 흘리면서 높은 성전 천장에 닿을 듯이 그네를 탈 때, 아내가 왜 다시 산티아고를 그렇게 가고 싶어 했는지를 알 것 같았다.

아내의 인내와 희생의 도움으로 나의 산티아고 순례도 성취되었다. 이것은 끝없는 고난의 길이요, 인내의 길이며 승리의 길이기도 하다. 무엇보다 내 건강의 현주소와 신앙의 새로운 다짐을 하는 계기가 되었다. 아직은 남은 인생의 여정에서 더 힘든 산티아고의 길을 새로이 걸어가야 한다.

뜻이 있는 곳에 길이 있기를….

대학 동기들과의 남해 탐방

"올해 대학 입학 55주년이 되는 해이니 근사한 국내 여행을 하도록 합시다." 이날도 매달 등산을 마치고 하는, 점심 식사가 끝나자 회장이 제안한 이 말이 끝나기 무섭게 "남해로 갑시다." 하는 나의 발언이 분위기를 압도했다.

모두들 많이 갔다 온 곳이기는 하겠지만, 작년에 다녀온 우리 화전문학회의 남해탐방을 상기하면서 이 발언을 하게 된 것이다. 별 이견 없이 남해로 낙착이 되었다. 그 코스는 여행담당자인 김정식 박사와 내가 의논하여 정하기로 하고 헤어졌다. 석 달 이상 남아 있으니 느긋하게 생각하고 남해에 대한 자료를 이것저것 챙겨 요약하고 코스를 정해서 준비를 마쳤다. 단순하다는 건의가 있어서 사천 케이블카 탑승을 넣었다. 미조에서 점심을 들기로 하고 미조에 사는 친구 이성지 교장과 김철안 군에게 전화를 하여 30명 내외 남녀 반반이 가니 특히 좋은 음식점을 알아달라고 당부하였다.

사천 케이블카는 모든 과실이 사천에 떨어져 마음이 많이 상했으나 내색을 할 수 없었다. 남해에도 이런 경관을 볼 수 있는 특별한 문화 및 관광콘텐츠의 개발이 필요하다고 느꼈다.

미조에서는 김 군이 소개해 준 '해녀집'에서 점심을 들었는데 모두 대만족이라 마음이 놓이고 흐뭇했다. 주인 내외의 넉넉한 마음이 더욱 모두를 감동시킨 것 같았다. 몇 년 전 문인 단체 40여 명을 이끌고 나의 소개로 이동면 무림리의 모 음식점에서 멸치찌개를 먹었는데 냉동한 것인지 도무지 맛이 없어 모두들 불평하는 소리에 쥐구멍이라도 들어가고 싶었는데 얼마나 다행인지 몰랐다.

여행에서 가장 중요한 것은 풍광과 경치이겠으나 식사와 잠자리 등도 이에 못하지 않게 중요하다. 행정가들은 이러한 것을 염두에 두고 값싸고도 맛있는 음식을 모처럼 찾아오는 손님들을 위해 제공하기 위한 행정적 배려와 지도를 아끼지 않아야 할 것이다.

최근 문화재로 등재된 죽방림을 가까이 보기 위해 창선대교를 걸어서 건너는 행사를 넣었다. 나의 설명과 덧붙어져서 보람 있는 경험을 했다. 30명 반반의 남녀 구성에 여학생들만 내린 것은 지금도 그이유가 궁금하다. 나는 이곳을 여러 차례 다녔지만, 차를 타고 지나다녔지 다리를 걸어가면서 보지 않았기 때문에 새로운 경험을 하게 되었다. 물건을 지나 노구 은점 미조에 이르는 이른바 물미해안의 풍광은 모두들 감탄의 소리가 나왔다. 가까이 멀리 있는 섬들을 설명해 주니 새로운 인식에 모두들 감탄을 토하는 것이다.

미조에서 예의 해녀집에서 전복죽과 회를 먹었는데 특히 여류들의 칭찬이 대단했다. 상주를 거쳐 가면서 금산의 38경과 상주의 풍광을 얘기해주고 나의 신혼여행에 대한 이야기를 슬쩍 덧붙여주니 모두 귀가 솔깃한 것 같았다. 금산을 돌아 두모가 보이는 어름에서 노도를 설명하고 서포와 용문사와 구운몽의 관계를 설명해 주니,

새로운 사실에 모두들 좋아한다. 준비하는 과정에서 김 박사가 "중늙은이들 길게 하면 식상하니 간단히 해라이…" 하던 주문으로 재차 강조했기에, 핵심만 이야기하니 모두 지루해하지 않고 기뻐하는 모습이다.

가천에서는 암수바위와 해안까지 내려가며 거니는 모습이 소년소녀 적 낭만에 하루를 맡기는 즐거운 시간인 듯했다. 55년 전 약관의 새파란 청춘들이 교사의 꿈을 안고 어려운 관문을 통과하여 같은 동기동창이 된 이후 보낸 긴 세월이 이제 남녀 구분 없이 친밀한 동무들이 된 것이다.

지난달에 개통된 노량대교를 둘러 남해 탐방의 짧은 여정을 잘 마쳤다. 다음 달 산행 때 만나니 나의 안내가 너무 좋았다고, 특히 여류들의 입에서 침이 마르게 칭찬하는 소리를 들었다. 고향이란 그냥 좋아만 하는 곳이 아니라 모든 것을 공부하여 이해하고 좋아하고 사랑하는 데까지 이르러야 하는 것이라고 새삼 느꼈다. 내가 남해를 우리 여정의 장소로 잡은 것은 남해 사랑의 마음이 작용했기 때문이리라.

남해에서 발간되는 신문 3개를 모두 구독하고 있다. 누구 아들이나 딸이 장가 시집을 간다거나 누구 아들이 박사가 되었다거나 조문에 감사한다거나 하는 가정의 일상사들이 광고로 나오는 것을 보면 다정한 고향 사람들의 삶을 보는 것 같아 흐뭇하다. 그러나 때로는 다투고 고발하는 등 면구스러운 이들이 나오면 나도 또한 불편한 심기가 되기도 하였다. 한 아기의 사진과 함께 마을에 고고의 울음소리가 났다고 대서특필한 것을 보면 줄어드는 군민들의 숫자에 신경이 쓰이기도 한다. 60여 년 전 10만이 넘던 인구가 4만 대에 머물고 더욱 줄어들 기미가 보이니 모든 것 떨치고 훌쩍 뛰어가서 바다가 보이는 산기슭 어디쯤 자리를 잡아서 살고 싶다.

군청의 뒤 언덕과 마당은 우리들의 놀이터였다. 섬밖(서문밖)의 아산들에서 논밭을 누비며 날리던 연이 두둥실 망운산으로 지쳐 오르는 모습이 선연하고, 남밖(남문밖)의 외갓집과 사부랑의 큰집과 친척들의 모습들이 어제처럼 나의 의식을 이끌고 있다.

남해의 남(南) 자라는 소리만 들어도 귀가 쫑긋해진다. 간판의 남자만 보아도 그러하다. 나는 남해 사람이라고 말하고 나의 저서에도 떳떳이 밝힌다. 고향에 대한 정은 그러한 것이다. 그곳에 나의 태가 묻혔고 내 정신의 알껍데기를 깨게 해준 산실이기 때문이리라.

인연

강한 의지와 사랑 실천의 수도자

-이해인 수녀님

이해인 수녀님이 웃으면서,
"내가 키가 커 보이지요?" 하는데,
"예 많이 날씬해 보입니다."라고 동문서답을 했다.

용호동 성모병원 회의실에서 여러 의사 선생님들과 김경욱 신부님과 함께 IRB 심의를 마치고 지하주차장으로 내려가려고 엘리베이터를 기다리는데, 문이 열리자 휠체어와 환자복의 여성들이 나온다. 뒤이어 뜻밖에 이해인 수녀님이 동료 수녀님을 태운 휠체어를 밀고 걸어 나오신다. 나는 반갑기도 하고 뜻밖이라 놀라면서 "여기 계셨군요!" 하곤 엉겁결에 수인사를 건넸다.

사실 좀 핼쑥해 보였고 전보다 보기 좋을 정도로 살이 빠져 키가 커 보이긴 했다. 그런데 수녀님이 "내가 키가 커 보이지요?" 하고 물은 것은, 두 무릎을 수술하고 바로 세웠으니 키가 커 보이지 않느냐는 뜻의 물음이었던 것 같다. 나는 이것을 돌아오는 운전석에서 깨닫고 고소를 머금었다.

무릎 수술을 한다는 이야기는 들었으나 어느 병원에 계신지 알 수 없었다. 그런데 우연히 만났으니 그동안 병문안 한번 못한 것이 여간 미안하지 않았다. 병원 강당에서 영화를 한다기에 거기에 간다고 하여 내가 휠체어를 대신 밀고 극장까지 가서 자리 잡는 것을 도와드리고 헤어졌다.

만나기 사흘 전에 나는 이런 문자를 수녀님께 보냈다.

> 무릎 수술을 하셨다는데 아직 병원에 계십니까? 찾아뵙지 못해 송구합니다. 기도 덕분에 장모님 상례는 잘 마쳤습니다. 감사합니다. 어느 병원에 계십니까? (8월 27일 10시 9분)

하는 나의 메일 서신에, 9분 뒤 답신 문자가 들어왔다.

> 면회는 일부러 사절이니 안 오시는 게 도와주시는 것임.

그런데 메일을 주고받은 사흘 뒤 용호동의 성모병원 엘리베이터 앞에서 이렇게 난데없이 만난 것이다.

휠체어를 미는 내 옆에서 함께 걸으며 수녀님은 유쾌히 이 말을 한다.

"이명숙으로 되어 있으니 나를 찾을 수가 없어요."

사실 창구에 접수된 이름은 본명 이명숙이니 병원 창구에 이해인을 대면 모른다, 할 수밖에….

우리가 만난 5일 뒤인 9월 4일, 실로 57일 만에 퇴원하여 아직도 절룩거리는 다리를 이끌고 수도원으로 돌아왔다. 이날 수가 우리가 산티아고를 다녀온 날 수 57일과 공교롭게도 같다. 우리는 길 위에서 고통을 겪었는데, 수녀님은 병상에서 고통과 기도로써 두 무릎의 수술과 재활의 시간을 보낸 것이다. 역시 얼마 전에 두 무릎을 수술한 친구 조 사장이 석 달 이상 재활기간이 걸린다 했는데 석 달이 채 안 찼으니 수도원에서 당분간 고생을 하게 될 것 같다.

퇴원한 사흘 뒤 '해인 수녀의 병상일기(7.16 ~ 9.3)'를 내 메일로 보내왔다. 펼쳐보니 놀랍게도 입원한 날로부터 퇴원 전날까지의 병상일기가 원본 그대로 실려 있다. 이것을 다시 정리하여 수녀님과 길동인 모두에게 보내드렸다. 두 무릎을 일주일 간격으로 수술하는 막연한 불안과 통증을 기도로써 잘 이겨낸 내용들이다. 정리해 보니 200자 원고지 150매 정도다. 수녀님의 부지런함과 의지를 알 수 있다. 2008년 암 진단을 받고 11년째, 그 아픔을 이겨낸 힘도 역시 이러한 의지의 소산이 아닐까 생각해 본다. 고통에 주눅 들지 않는 강인함이 부드러운 시 속에서 또 기도 속에서 더 영그는지도 모를 일이다.

10월 8일 우리 길동인들이 함안 일원의 가을 답사를 하게 되어 준비를 하고 있었다. 10월 1일 수녀님은 여행 참석의 의사를 문자로 물어왔다.

"친구 한 명 동행하고 가도 될지…? 남해가 고향인 임 말체리나 수녀님 동행하여 저는 지팡이 짚고라도 갈까 합니다만?"

나는 며칠 뒤 "예 회장님도 좋아하셨습니다. 같이 오십시오. 쌍수로 환영합니다." 하고 흔쾌히 답을 올렸다. 내 고향 사람이 온다 하니 더욱 반가운 마음은 어쩔 수 없다.

여행을 갔다 온 뒤(10월 12일) 특집 자료를 준비하기 위해 광안리 부근에 간 김에 가까이서 전화를 드리고 불각시 해인방을 찾았다.

방을 휘젓고 다니면서 사진을 찍고 자료들을 살폈다. 방이 좁을 만큼 많은 물건들이 겹겹이 온 방을 메우고 있는데, 빼곡한 책들과 자료들로 난장판이 된 내 방과는 다른 아기자기한 맛은 어디서 나올까? 생각해 보니 하나하나에 수녀님의 정성과 애정이 깃들어 담겨 있기 때문일 것이리라 짐작된다. 이 자료들을 제대로 정리한다면 큰 기념문학관 하나는 되겠다는 생각을 했다. 안내하는 해인방 뒤 편지 창고를 보고서야 더욱 이런 생각을 굳혔다. 편지지와 봉투까지 하나도 버리지 않고 분류를 하여 상자에 넣어두거나 장안에 정리를 해두었다.

'세상에! 이럴 수가!'

상자 안에 분류해 둔 맨 위의 봉투에 잘 아는 신부님, '도정호' 이름이 보인다. 해운대구 중1동, 번지와 고 2년생이라고 적혀 있다. 보낸 날짜가 87년 6월 5일이다.

잠시 객기가 생겨, 해운대 성당으로 전화를 하여 "도정호 신부님이 그곳 출신입니까?" 저쪽에서 "그렇습니다." "서품을 언제 받으셨지요?" "조금 기다리세요…." 조금 있더니, "98년입니다." 답 전화가 왔다. 나는 쾌재를 불렀다. '신부님이 수녀님께 고등학교 시절 인생 상담을 했구나.' 쪽지에는 이렇게 적혀 있다.

"본명은 안드레아. 짜증도 잘 내고 말 많은 성격의 소유자가 수녀님의 책 『두레박』을 읽고 왠지 제 마음을 알아줄 분이라고 생각했습니다. 이번 일을 계기로 저의 마음을 바로잡을 거예요. 수녀님의 말씀을 듣고 싶어요."

그리고 잊고 있었는데, "도정호 사제는 바오로, 학생은 안드레아 동명이인인 듯해요."라는 수녀님의 문자가 들어와 있다. 그 사이

편지방 책장 앞에서

따로 확인을 한 모양이다. 나는 모처럼 좋은 이야깃거리를 만들었다고 좋아했는데 나의 장난기에 머쓱한 생각이 들었으나, 그 많은 편지들을 하나도 버리지 않고 소중히 보관하는 그 끈기에 놀라면서 수녀님의 숨은 전도(傳道)가 얼마나 많을까 하는 생각이 문득 들었다.

서류장 안에 꽂혀 있는 맨 앞에 윤석중 선생의 성함도 보인다. 문인, 사제, 장애인 등 여러 갈래로 분류해 큰 봉투에 넣고 등에 색지로 구별해 두었다. 보내온 조그만 선물도 소중히 그 뜻과 정성을 버리지 않는다. 그리고 자신이 가진 것을 나누기 좋아한다. 사랑의 실천도 이렇게 해 오신 것이다.

올해 첫 서원을 한 지 50주년을 맞는다. 이른바 금경축이다. 평생을 기도와 사랑의 실천 속에서 남을 아끼는 정신이 마더 데레사의 정신일진대, 클라우디아 수녀님의 사랑 나눔도 여기에 비길 만하다고 생각한다. 좋은 글로써, 좋은 말로써…. 그리고 사랑의 나눔으로써. 부디 건강하시고 오래오래 사랑의 글을 쓰시면서 많은 이의 위로가 되시기를 빕니다.

(『길』23호, 이해인 수녀님 금경축 특집 2018. 12. 7.)

그대와 나의 인연

나의 추억

세월이 그렇게 흘러도 변하지 않는 것이 무얼까? 그것도 20년이 훌쩍 지나버린 어린 꼬마 시절의 어른을 단번에 알아 볼 수 있다는 것. 이것은 경이(驚異)다.

그때가 스승의 날 전후인가 싶다. 아니면 당시 교감으로 승진한 동기 김용호 선생을 만나러 갔을 때인가도 싶다. 교육대학에서 내 한해 밑에 졸업을 했지만 그는 열심히 공부를 하여 이곳 모교에서 고등학교 선생이 되고 교감으로 승진한 계제였던가 싶다. 교무실에 들어서니 옛날 드나들던 분위기는 아니지만 당시보다는 교무실이 더 넓어 보였다. 마침 마치는 종이 울려서 선생님들이 교무실로 들어서는데 아주 낯익은 선생님이 보였다. 그 순간 나는 단번에 1960년대 후반 우암초등학교 시절의 그 아이가 틀림없다는 생각을 했고 그도 나를 알아보고 내 이름을 거명하며 반가이 다가오는 것이었다.

그의 아버지는 항상 자전거를 타고 다니시고 키는 그리 크지 않았지만 아주 다부지고 강단이 있는 분이었다. 더 인상적인 것은 당시에 머리가 상당히 백발이었다. 그의 아들도 야무지고 인사성이 발라 나와 친해졌다. 마침 내가 살던 감만동에서 자전거를 타고 오시는데 길에서 만나기도 하고, 또 기성회에 간부로 일을 하고 있어 자주 학교에서 대하고 보니 수인사도 나누고 친해졌다. 내가 직접 담임을 맡은 적은 없지만 아버지와 함께 등교하는 그를 자주 만나고 깍듯이 인사를 잘하는 아이였다. 담임도 3학년부터 차례로 3, 4, 5, 6학년을 4년 동안 같이 올라갔으니, 남자 네 반 여자는 세 반 560명이 넘는 많은 학생들이었지만 거의 이름을 외울 정도였다. 반이 바뀌면서 섞이다 보니 많이 알고 있었다.

첫인사가 "아버지는 어찌 잘 계시는가?"를 수인사로 집의 근황과 맡은 과목, 오늘 교감을 만나러 온 일, 나의 근황도 몇 마디 주고받았다. 그는 사회과 교사로 근무하고 있었다. 둘은 다음을 기약하고 헤어졌다. 모두 세상살이에 바삐 지내다가 세월이 흘러 몇 년이 지나 부산대학교 대학원 시험장에서 잠깐 보고 다시 헤어졌다. 그리고 상당한 시간이 흘러 금강산 교사 관광단에서 만났다. 그것도 산길로 오르면서 마주쳤으니, '참 세상은 좁구나.' 감탄을 토했다. 같이 이야기를 많이 나누었다. 그동안 교사생활을 청산하고 외국으로 갔다가 다시 귀국했다는 것과 학교에 복귀한 것들을 이야기로 주고받았다. 전교조 일원으로 그동안 많은 고난을 당했음을 알 수 있었다.

정년을 하고 농촌 가까운 곳에 살려고 기장 정관신도시로 이사를 했다. 오랜만의 전화 통화 중에 그가 바로 이웃에 있는 신정고등학교로 옮겨와 근무하고 있었다. 곧 시간을 내어 배 선생이 점심

시간을 이용해 잘하는 대구탕집이라고 소개하면서, 나를 불러 따끈한 대구탕을 들면서 금강산에서 만난 후 오래간만에 해후의 정을 나누었다. 그 사이 잠깐잠깐 만나기는 했지만, 모교에서 만난 후 실로 20년 만이었다. 그 사이에 그도 이제 50대의 중견 교사가 되었고 나는 백발에 그야말로 백수가 되었다. 마침 사무분장으로 특활 주무를 맡아 있는 차에, 시 지도를 한번 해주십사 해서 일주일에 두 시간씩 시조를 몇 년간 가르치기도 했다.

그리고 사직동 쪽으로 학교를 옮겨갔는데, 전교조 문제로 많은 고초를 겪고 있었다. 당시 임 교육감 시절이라 선배된 입장에서 제자를 위한 청원의 글을 보내기도 했다. 나는 처음 전교조가 시작했을 때에 간여는 하지 않았지만, 가는 방향이 옳다고 손뼉을 쳤으나, 뒤에 교실에서 이루어지는 전교조의 실상을 그리 탐탁지 않게 여기고 있는 때라, 항상 몸조심하라고 말만했는데 이제 법정에까지 드나드는 신세가 된 것이다. 긴 교사생활을 잘 마무리하라고 하는 것이 내가할 수 있는 최소한의 일이었다. 다행히 그는 정년퇴임을 했다. 소식은 들었지만 다시 만나면 같이 늙어가면서 약주라도 한잔 나누고 싶다. 메일에 배 군으로부터 동기들에게 보내는 글이 들어와 있어 아래에 붙였다. 내가 준 덕담이 무엇이었는지 아직도 궁금하다.

배 선생의 추억

40년도 훨씬 전, 초등학교에 입학하고 학교를 다니면서 만났던 수많은 선생님들….

이번 우리 우암초등학교 제10회 동기회보에 정말로 반가운 선생님을 모시게 되어 너무 기쁘다. 우리가 5, 6학년이었을 때 담임을 맡지는 않으셨지만 나하고는 특별한(?) 인연이 있는 선생님을 여러 동기생 친구들도 함께 만나보자.

정경수 선생님!

같은 교직에 있어서인지 가끔씩 선생님을 생각하지도 못한 장소에서 우연하게 만나면서 선생님에 대한 존경과 사랑이 더욱 깊어진다.

마침, 선생님께서 교직에서 은퇴하시고 기장군 정관면, 신도시에 계신다는 연락을 전해 듣고 오늘 당장 선생님을 만나 뵈러 간다.

내가 근무하는 학교가 바로 선생님 댁과 같은 동네인 정관 신도시의 '신정고등학교'이니까.

나는 뱃머리에 살다가 4학년 때 감만동으로 이사를 하여 감만동에서 우암초등학교까지 걸어 다녔는데 출근하시는 정경수 선생님과 함께 학교로 갈 때가 종종 있었다. 선생님 댁은 동항초등학교 근처에 살고 계셨으니까.

아마 그 당시 선생님의 부친께서 동항초등학교에서 교사로 근무하셨다는 이야기를 들은 기억도 나고…. 아무튼 이렇게 같이 학교를 다니면서 선생님과 더욱 가까워질 수 있었다.

그러다가 모든 학교를 졸업하고 동아고등학교에서 새내기 선생으로 있을 때, 그날이 스승의 날이었지 싶다. 교무실에 정경수 선생님께서 불쑥 들어오셔서 '어! 선생님!'

선생님은 동아고를 졸업하시고 부산교대를 거쳐 우리들의 선생님이 되신 것이었다. 선생님은 선생님의 은사님을 만나러 동아고에 오셨다가 20년 전의 제자를 만나신 것이다.

내가 교사가 되어서 처음 만나서 선생님께서는 반갑기도 하고 13살짜리였던 꼬마가 교사가 되어 당신의 모교에서 후배들을 가르치고 있으니까 그 제자가 대견스러웠으리라.

그리고 몇 년이 지나서 눈이 펄펄 내리던 겨울날, 대학원 시험을 치러갔다가 거기에서 또 선생님을 만난다. 나는 대학원 입학시험에 낙방하는 바람에 그 이후로 선생님께서 대연여상에 근무하신다는 말씀만 듣고 나의 일상 속에서 선생님을 그냥 잊고 지냈다.

그리고 10여 년이 지나고 금강산 교사 방문단으로 휴전선 너머 금강산 계곡에서 서로 중년이 되어버린 제자와 교사가 만난다. 이산가족이 재회하는 것처럼….

같이 기념사진도 찍고, 호텔 앞 횟집에서 간단한 소주도 나누어 마시고…. 졸업 앨범에도 없는 소중한 사진이다.

그리고 또 몇 년이 지난 여름날, 중국 상하이로 여행을 간다고 김해공항에서 비행기 탈 시간을 기다리는데 거기에서 중국으로 여행을 가시는 선생님 일행을 만나고….

이렇게 선생님과 인연이 진하게 진하게 엮어졌는데. 올해 초 새해 인사를 문자로 드렸더니 선생님의 답장 중에서 '기장 정관'으로 이사를 하셨다는 소식을 듣고 오늘 겨울 방학이 끝나고 선생님과 점심 식사를 하기로 약속을 했다.

선생님은 작년(?), 재작년에 정년퇴임을 하시고도 바쁜 생활을 하고 계신다.

우스갯소리지만 백수가 더 바쁘다고 하더라.

바쁘시더라도 무조건 건강하시이소….

그리고, 선생님의 덕담을 한 말씀 전한다.

정 깊은 대구 사람들, 지금 어디서

'철 철 철 철 철…' 양철지붕 위에 소낙비 쏟아지는 듯한 소리에 놀라서 눈을 떴다. 어둑한 시야에 내 머리맡 건너 반 드럼통에 한 다리가 없는 사내가 소변을 보는 어슴푸레한 실루엣이 눈에 잡혔다.

어제 밤늦게 잘 곳을 정하지 못해 통금시간이 가까워 오니, 꾀를 내어 인근 파출소에 들어가 잘 곳을 간청했더니 이곳을 알려주어 가까스로 찾았다. 빼곡한 틈새를 찾아 간신히 자리를 잡고 곯아떨어졌던 것이다. 여기는 행려자나 주거가 없는 사람들이 자는 노동자 합숙소 같은 곳이었다.

지난 8월 1일(1965년) 배낭 하나 둘러메고 집을 나와 용걸, 종영 두 학우와 14일간의 무전여행을 하고 이제 마지막 밤을 대구에서 지내게 된 것이다.

간밤에는 거창국민학교를 찾아가서 숙직 선생께 사정하여 옥수수 가루 포대를 베고 이슬을 피할 수 있었다. 대구에는 보름을 갓 지난 달(음력 7월18일)이 유난히 크고 눈부시게 밝았는데 저녁을 먹을 일이 걱정이 되었다. 여행을 떠난 이후 지금까지 식당이란 곳에 가서 돈을 제대로 내고 버젓이 밥을 먹지 않았기 때문에 어디에선가 저녁 식사와 잠자리를 마련해야 했다.

마침 지나가는 아기를 업은 아주머니에게 사정을 했더니 자기 집으로 우리를 이끌고 가서 셋의 저녁밥을 지어 주셨다. 단층의 다가구 주택으로 한 마당을 쓰고 있었는데, 우리 이야기를 듣고 아주머니들이 반찬들을 들고 와서 저녁식사를 무사히 마치고 마당에서 아이들 훈육이라든지 여행 이야기를 나누다가 밤이 이슥해졌다. 그러나 잠자리는 부탁할 수가 없어 인근의 초등학교를 알려 달라 하여 어제처럼 숙직실 신세를 지자고 의견이 모아졌다. 아주머니들은 우리의 잠자리를 마련해 줄 수 없어서 못내 서운해하는 것 같았다. 어느 시골의 집이라면 소꼴 데우는 부엌 갈비 위에라도 잘 수 있을 터인데….

물어물어 인근 초등학교를 찾아가니 학교 뒷문의 철문이 굳게 잠겨 있었다. 아무리 소리를 질러도 아무 기척이 없다. 그렇다고 담을 넘어갈 수는 없었다. 도심 학교의 사정이 시골과는 판이하다. 시간은 흘러가고 통금시간은 가까워 오는데 화개장터의 화개다리 위에서 자다가 트럭의 경적 소리에 다리 밑으로 내려가 잤던 것처럼 도시에는 그럴만한 곳이 없었다.

이러다가는 통금에 걸려 유치장 신세를 질지도 모른다. 그러면 바로 파출소를 찾아가서 우리 잘 곳을 물색해 달라고 떼를 써보자는 꾀가 나왔다. 일단 통금 사이렌이 울리기 직전에 파출소에 들어서면 통금위반은 안 될 것이고 무슨 방편이 생기리라고 생각하였다. 우리의 이러한 꾀는 적중(?)을 해서 인근에 있는 노동자 합숙소라는 곳을 알려주었다. 가다가 통금에 걸리면 어쩌느냐고 했더니 파출소에서 나왔다고 하라고 일러준다.

약도를 따라 중천에 뜬 달을 손전등 삼아 찾아갔다. 그리 멀지 않는 곳에 이 건물이 있었는데 한동안 주변을 돌며 찾아다녔다. 이미 많은 사람들이 넓은 방에 빼곡히 자고 있었다. 우리는 복잡한 자리를 비집고 배낭을 베개 삼아 피곤한 몸을 뉘었다. 통금을 면하고 등을 댈 수 있다는 것이 얼마나 다행한 일인가. 54년 전의 이 일을 생각해 보면 요즈음 직장을 잃은 노숙자들이 골판지를 깔고 누울 수 있는 그곳이 얼마나 소중한 자리인지를 어렴풋이 알 것 같다. 우리는 새벽같이 나와 대구 거리를 누비었다

이제 열차를 타고 부산으로 가는 일만 남았다. 대구역으로 가서 역장실을 찾아가기로 했다. 우리의 사정을 이야기하고 열차를 탈 수 있는 배려를 부탁할 참이었다. 물정을 몰라도 유분수지 참 어리석은 생각들을 하고 있는 것이다. 역장실 문 앞에서 우리의 면담 요청은 거절을 당했다. 15일간 때로 절은 거지 같은 물색에다 이미 직원들은 무임승차를 하러 온 학생임을 알아차리고는 역장이 들이지 말라고 엄명을 내려놓은 것 같았다. 기차표 없이는 개찰구를 통과할 수 없을 것이고 우리는 오늘 어떤 일이 있어도 부산으로 가야 하니, 우리의 처지는 난감하기 짝이 없었다.

서성이다가 마침 화물들이 드나드는 문으로 들어가서 부산 가는 열차를 타게 되었다. 승무원이 오면 사정을 해 보리라.

우리가 자리를 잡고 앉은 옆자리에 부산 간다는 푼더분한 대구

아주머니와 이야기를 나누며 우리의 처지를 잠시 잊고 있었다. 곧 승무원의 표 확인이 시작되었다. 셋은 어쩔 수 없이 염라대왕을 만나듯이 싹싹 빌고 사정을 할 수밖에 없었다. 그러나 그는 자기 일에 충실한 일꾼이었다. 이 차가 출발한 지점으로부터의 차비를 내라고 하면서 조금도 용서하지 않았다. 그런데 대구 아주머니가 우리를 감싸주었다. 이 학생들은 자기와 함께 대구에서 탔다는 것을 강조하면서, 학생들이 배우러 이렇게 여행을 다니는데 좀 봐달라고 우리를 옹호하였다.

그러면 대구 부산까지의 차비를 내라는 것이었다. 그러나 우리에게는 어느 누구도 한 푼도 가지지를 않았다. 내가 출발할 때 가져온 쌀 석 되와 삼백 원은 이미 말라버렸다. 둘도 마찬가지였다. 단연코 낼 재간이 없었다. 집에 도착하여 보내드리겠습니다. 한 번만 봐 주십시오. 우리의 간청도 소용이 없었다. 승무원이 강하게 밀어붙이니 우리는 더욱 주눅이 들어 있었다. 대구 아주머니가 "그러면 안 낼 수 없으니 가장 가까운 곳에서 오는 걸로 해서 이것으로 해결해 주세요." 하면서 백 원 한 장을 내어놓았다.

승무원은 이 돈을 받고 우리를 겨우 해방시켜 주었다.

나는 고마운 아주머니께 깊은 감사를 드리고 주소를 알려 달라고 간청했으나 손을 내저으며 다행이라고 집에 잘 가라고 하고 열심히 공부하기를 당부하였다.

구포에 내려 세 사람의 가방을 털털 터니 쌀 한 됫박이 나와 역 주변에 좌판을 벌이고 있는 할머니에게 팔아 나누어 집으로 가는 차비를 마련하였다.

15일간의 긴 무전여행은 끝났다. 그리고 50여 년이 지났다. 대구의 두 아주머니의 사랑과 희생은 갚지 못하고 세월이 흘렀다.

지금 무전여행은 당치않은 일이다. 그 자리에서 당장 무전취식의 범죄자가 되는 것이다. 못살았지만 따뜻한 인정이 있던 그때가 그립다. 40여 년 전부터 대구에 살고 있는 내 여동생 집에 갈 때면 가끔 이 이야기를 하면서 대구 사람의 사랑을 잊지 않고 있다.

너무 늦었지만 이분들을 만날 수 있다면 따뜻한 저녁 한 끼라도 대접해 드리고 싶다.

현봉(玄峰) 이병수(李炳壽) 선생님

현봉 선생님이 올해 망백의 연치가 되신다.

호와 이름 그대로 '하늘 높이 아득한 봉우리[玄峰]' '밝게 빛나는 수명[炳壽]'이시니 선생님의 고결함과 망백의 건강하심이 꼭 그 이름에서 갖추어진 것 같아 신기하게 여긴다.

선생님은 진주사범을 졸업하고 건국대학교 졸업과 함께 고등학교 국어교사 검정고시를 통해 실력 있는 국어과 교사로서 주로 부산의 유수한 공립고등학교를 두루 섭렵하셨다. 초등을 거쳐 고등학교로 옮겨 국어를 가르치신 것이, 부산교육대학(2년)을 마치고 동아대학교(4년), 부산대학교(석사), 동아대학교대학원(박사)을 나와 초등학교 교사를 거쳐 고등학교에서 정년퇴임을 한 나의 궤적과 흡사하여 가끔 동류의식을 많이 느낀다. 그래선지 선생님의 언행과 작가적 열정에 늘 흠모의 정을 남다르게 느낀다.

현봉 선생님은 정년퇴임까지 평생을 주로 고등학교 교사와 장학사 연구관 교장 등 교육의 전반을 아우르는 사도로서의 길을 충실히 마쳤음은 선생님의 연보에서도 느낄 수 있다. 거기서 그치지 않고 퇴임을 한 해 앞둔 1991년에 월간 『수필문학』으로 등단하여 제 2의 인생에 출발점에 서게 되었다. 늦깎이 등단을 하였음에도 「아름다운 마무리」(2015) 등 12권의 수필집을 내셨으니 그 유장한 필력에 그저 놀랄 따름이다. 고등학교 재직 시 국어를 가르치며 문예부 등을 지도하여 오시면서 이미 문장의 기초를 탁마하시고 많은 글들을 집필한 오랜 경륜이 이런 실적을 가져오게 되었다고 짐작은 하지만 그저 경탄의 눈으로 우러러 볼 따름이다.

2003년 일사(一斯) 천두현(千斗鉉) 선생님의 권고로 「수필동인 길」을 창단하고 그해 문단의 문을 두드리고, 2005년 10월에 2회 천료되어 나 또한 선생님의 뒤를 이어 월간 『수필문학』에서 늦깎이 등단을 마쳤다. 이어서 곧 월간 『수필문학』으로 등단한 작가들의 모임인 '수필문학부산작가회'에 가입함으로써 선생님과 문단인생의 여정을 함께하는 영광을 누리게 되었다. 내가 입회할 때에 선생님은 4권의 수필집을 상재한 후였고 6년 뒤 나의 첫 수필집 『개타령 또 개타령』(1911년)이 나왔을 때는 이미 8권의 수필집을 상재하였다. 이때가 80대 중반의 연치셨으니 선생님의 건강함과 끈질긴 집념에 그저 감탄할 따름이다.

지난 7월 가까스로 네 권의 수필집을 엮어 상재하면서 늘 현봉 선생님의 그 한결같은 작가적 행적을 생각하지 않은 적이 없었다. 바로 내 수필의 집필에 현봉 선생께서 자리 잡고 나의 나태를 깨우쳐 주고 한결같은 사람의 마음을 배우라고 채찍질하신다.

내가 선생님을 흠모하는 바는 이뿐 만이 아니라, 매사에 성실하고 진실된 모습으로 사시는 작가적 태도에 그 초점이 맞추어져 있다. 몸에 배어 있는 온화한 말씨와 진중한 몸가짐은 곁에 있어도 나 또한 그리되지 않을 수 없는 지경에 이른다. 서울이나 지방에서 일 년에 몇 번이나 열리는 『수필문학』 행사에 한 번도 빠진 적이 없다. 같이 참석하고 보면 다른 작가들의 존경을 한 몸에 받고 있음을 본다. 이것은 선생님의 진실된 작가적 태도에서 비롯됨을 금세 느낄 수 있다. 이러한 태도는 부산 문단의 참여하는 모든 단체에서 똑같은 존경의 모습으로 드러난다.

또한 가정을 다스리시는 모습에서도 나타난다. 안과의사인 아드님의 경영에도 늘 신경을 쓰신다. 얼마 전 작고하셨지만 사모님을 위하여 생전에 함께 아픔을 나누면서 손수 돌보시는 것을 보면서 선생님의 가족 사랑의 모습을 크게 느낄 수 있었다. 수신제가의 실천적 모습이 우리를 깨우쳐 주는 것이다.

선생님의 뒤를 이어 작가회의 회장을 맡아 있으면서 늘 어려움을 느끼는데 가까이서 많은 협조를 해주시면서 힘을 북돋워 주신다. 다른 모임이 겹쳐도 반드시 오셨다 가시거나, 가셨다 오시곤 한다. 선생님께서 잘 일구어 놓은 밭을 제대로 가꾸지 못하니 송구할 따름이다.

재작년(2015. 3. 27.)에는 의령 생비량 고향 마을에 선생님의 문학기념비를 세워 그 제막식에 '수필문학추천작가회'의 회장으로서 회를 대표하여 참석한 적이 있었다. 선생님의 다섯 번째 수필집인 『느티나무처럼』에서 보듯이 마을의 상징이듯 큰 느티나무 곁에 「현봉 이병수 선생 문학기념비」가 세워졌다. 생비량을 위해 노랫말을 짓고 여러 방면에서 헌신하신 모습이 이러한 비를 세우게 된 동기임을 알게 되어 더욱 선생님의 평소 삶이 부러워졌다.

이에 따라 『수필문학21』 제 17집에 「현봉 이병수 문학비 제막식」으로 특집을 꾸며드렸다.

작년 제18집에는 「玄峰 이병수(李炳壽) 선생 九旬 특집」을 엮는 기쁨을 누렸다. 건강하시니까 이런 복도 누리시는가 생각하니 나의 건강도 생각을 하게 되었다.

이제 망백의 문집을 엮으신다, 하시니 선생님의 천수를 빌어 마지않는다. 부디 내내 건강하시고 후배들을 잘 이끌어 주시며 우리 문단의 큰 버팀목으로 남아 주시기를 빌어본다.

운강(雲江) 정경수(鄭敬守) 삼가 올림

흰샘 이규정 선생님

1984년 6월 영세를 받고 새내기의 열정으로 신앙의 길에 올라선 어느 날 소설가 이규정 선생의 주보 누룩란을 보게 되었다. 동아대학에서 박사과정을 이미 마치고 채만식 소설을 중심으로 한 논문을 준비하고 있을 때라 인사 겸 신앙의 길을 잘 인도해 주십사는 편지로 첫인사를 드렸더니 아래와 같이 긴 편지를 보내주셨다.

정경수 선생님

정 선생님, 고마운 편지 잘 받았습니다. 전 가족이 영세하셨다니 정말 반갑습니다. 우리가 영세를 한 敎友를 반기는 까닭은 일종의 同志의식에 서입니다. 同志란 같은 뜻과 생각, 같은 目的을 가지고 生死를 같이하는 사람입니다. 사람답게 살자란 말이 요즘처럼 아쉬운 때에, 우리는 眞實을 하느님의 뜻대로, 즉 우리 그리스도의 가르침대로 삶으로써 사람답게, 남의 작은 模範으로 살겠다는 신념과 의지를 지닐 수가 있는 것이 아니겠습니까? 부디 좋은 선생님, 훌륭한 信仰人으로 오늘의 시대를 함께, 가치롭게 살아가십시다.

熱心히 공부하시는 분, 그것도 現代小說을 專攻하시는 줄로 알고 있습니다. 주보에 나오는 글은 부끄럽습니다. 그렇게 되려고 애쓰고 있을 뿐입니다. 主님의 보살피심, 그분의 은총이 온 家庭에 充滿하시기 빕니다. 고맙습니다. 안녕히 계십시오.

1985. 9 李圭正 스테파노 드림

한자가 간간이 섞인 글월은 진중하고도 성실한 신앙의 면모를 보여주었다. 그 이후 몇 차례 글월이 오고 갔다.

88년 8월 96차 꾸르실료에 입교를 하니 봉사를 하고 계시어 반갑게 수인사를 나누었다. 1992년, 128차 차수회장을 맡으면서 나를 봉사자로 불러주었다. 2001년 8월, 내가 처음으로 제238차 차수회장을 맡으면서 흰샘 선생을 봉사자로 모셨다. 떨리는 가운데 선생님의 조언으로 역할을 충실히 마칠 수 있었다. 여름 겨울 방학에만 시간이 나므로 불러주면 순명하는 자세로, 그동안 4번의 차수회장을 포함한 30여 차례의 봉사를 하고, 2011년에는 부산교구 꾸르실료 40년사의 편찬위원장을 맡아 800여 쪽의 책을 엮어 하느님께 봉헌하였다. 이러한 봉사는 오직 흰샘 선생께서 미약한 나를 이끌어 주신 덕분이었다.

1990년 뜻밖에도 내가 사는 망미동 삼성아파트로 이사를 오셨다. 매주 만나는 레지오 쁘레시디움 경애의 모후의 같은 단원이 되었다. 2009년 정관신도시로 이사를 하기까지 거의 매주 만나 기도생활을 했으니 선생님의 신앙을 보고 배운 바가 크다. 나는 야간대학으로 강의를 다닌다고 결석이 잦은데 선생님은 25년 연공상을 받을 만큼 수요일의 기도시간을 철저히 지켰다. 2001년 본당 사목회장을 맡으면서 나를 부회장으로 앉히더니 1년 만에 자리를 물러나고 내가 그 뒤를 이어 본당회장의 중책을 맡았다. 1년을 봉사하고

3년 뒤 다시 2년의 본당 회장직을 수행하였다.

선생께서 1999년 부산교구 평신도협의회 회장직을 맡으면서 나에게 총무의 역할을 맡겼다. 이 봉사는 학교를 퇴임하는 2008년까지 사무국장 부회장 감사의 직책을 바꾸면서 열심히 업무를 수행하였다. 그동안에 교구설정 50주년의 기획위원이 되어 행사에 참여하고, 나에게 교리와 세례를 주신 황철수 신부님을 주교로 모시는 영광까지 누렸다.

장황하게 쓴 나의 이력들이 흰샘 선생께서 모두 하나하나 이끌어 주신 것을 생각하니 고마움과 함께 이제 다시는 함께할 수 없다는 아쉬움에 가슴이 쓰리고 공허한 느낌을 지울 수가 없다.

지난 3월 5일 마침 망미동에 가는 참에 퇴원해 집에 계신다는 소식을 듣고 밤에 아내와 찾아뵈었더니, 폐렴을 치유하고 퇴원하였다면서 피곤한 기색을 보여 조리 잘하시라고 간절히 당부하고 댁을 나왔는데 이것이 나에게는 선생님과의 마지막 만남이 되고 말았다. 길 동인들과는 지난해 12월 이해인 수녀님의 해인방에서 함께 식사를 한 것이 마지막 만남이 되었다.

드리고 싶은 말씀 두고두고 드리면서 그동안 베풀어 주신 고마움을 잊지 않고 새기겠습니다.

흰샘 선생님! 하느님께서 부르셨으니 가시는 길 편안하시고 천국의 복락을 누리시기를 두 손 모아 기도드립니다.

그대를 보내며

새벽을 몰아내는 도시는 눅눅한 빗속에 꿈틀거리고 새벽 가로등은 명멸하듯 빗줄기에 반짝거렸다. 우산 아래로 훈훈히 끼쳐 옷깃에 감기듯이 방울 짓는 비안개, 아침 이른 새벽의 보도는 빗물로 흥건하고 내 가슴은 눈물로 흥건했다.

새벽을 부지런 떠는 얼굴들은 아직 셔터로 닫힌 지하철 철문 앞에서 서성이고 덜 깬 잠을 떨쳐내듯이 간판의 글을 열심히 읽고들 있다. 나는 가로수 아래에서 구두 끝으로 물을 튀기고 있었다.

가다니, 새벽의 고단한 문상을 앞두고, 고단한 육신을 담고 있을 그 영안실의 그의 모습을 생각하며, 세상사 하도 어려워도 느긋이 그의 해박함으로 한 오리 허술한 데가 없어 도리어 얄밉더니….

가로수 축 늘어진 잎사귀에 빗물이 고여 흐늑이고 가로등 불빛에 고단한 새벽을 품고 있는 도시의 고요 속을 차량들은 물방울을 튀기고 달아난다, 나는 광화문행 버스에 몸을 실었다. 한강을 건너고 남산을 질러서 경복궁 광화문을 돌아 시청 앞 지하철에서 곤두

박질하듯 내려 회기역으로 가는 지하철에 몸을 실었다.

'경○대 병원 영안실'

초라한 야윈 노파가 나를 아는 듯이 흐릿한 눈으로 쳐다보는데, 그녀가 그의 장모임을 뒤에서야 알아보았다. 몇 년 전 그트록 다정히 오갔던 우리 사이에 장모는 얼마나 건강하고 우아했던가?

아이들은 지쳐서 자고 있고, 어느 땐가 스냅으로 찍었을 확대된 희미한 사진에 그의 오뚝한 콧날이 여전함에도 그를 다시는 볼 수 없을 생각을 하니 만감이 내 폐부를 내리누른다.

잠을 깨운 두 아이, '재○아, ○경아.'

두 아이는 아버지를 잃은 어처구니없는 사태로 며칠 사이 반쪽이 되었고 초췌한 몸으로 내 절을 받았다. (1994)

내 일기장에 이 글을 써 놓고 잊고 있었는데, 그사이 훌쩍 사반세기가 지났다. 나의 대자로 함께 머리를 맞대고 의논했던 그가 귀국한 누님과 함께 건강관리를 위해 병원에서 단식 수행을 했는데, 회복기간에 환자복을 입고 나가 며칠째 들어오지 않아 병원이 뒤집혔는데 경내에서 실족하여 싸늘한 몸으로 발견되었다.

그의 명복을 빌며….

해송(海松) 박말애 시인

"토론에 들어가기 전에 여러분께서 허락하신다면 수필가 한 분의 작품을 소개할까 합니다."

저승에 목숨을 맡기고 이승에서 일을 하는 게 해녀다. 숨을 참아야만 살아갈 수 있는 해녀는 아무나 되는 게 아니다. 내 안에 감춰진 신화와도 같은 사유가 있어야 하고 응결된 마그마가 있어야 된다. 무엇보다 헌신적인 희생으로 무장한 내면의 뿌리가 밑받침되어야 한다. 그래야만 거친 바다의 숨소리에 천착할 수 있고 바다라는 거대한 우주를 들일 수가 있다.

지난 4월 9일 불의의 사고로 영면한 박말애 수필가의 첫 수필집 『해녀가 부르는 바다의 노래』 첫 장의 작품 「해녀 1」의 내용입니다. 이어집니다.

바다는 쉴 새 없이 해녀를 유혹하고 충동질한다. 바다의 유혹이 전이되고 회유의 호기심에 열정의 불꽃이 일면 진정 해녀가 될 수 있다. 더 가까이 다가가려고 힘차게 팔다리를 휘저으며 나아가야 한다. 그날의 열정이 바다의 숨소리와 맞닿으면 바다와 해녀는 뜨거운 사랑을 나누게 된다.

"이 작품을 비롯한 40여 편이 몇 년 전 해양문학상의 예심에 올랐으나, 아쉽게도 낙방을 하고 곧 책이 되어 나왔습니다. 처녀로 홀어머니를 모시고 60이 넘도록 오직 바다와 함께, 바다를 사랑하며, 바다에 삶을 바친 진정한 바다의 여인이었습니다. 해양문학의 지평을 넓혀 갈 부산 기장의 해녀 박말애 님의 갑작스런 죽음을 안타까워하며 명복을 빕니다.

해양문학의 발전을 위해 노력하는 이 자리에 해양문학의 최전선에서 산화한 동료의 명복을 빌어주신 여러분께 감사드리며 해양문학에 더욱 관심을 가져 주시기를 바랍니다. 감사합니다."

지난 8월 9일 제23회, '한국해양문학상' 기념 심포지엄의 토론자로 지정되어 토론에 앞서 위의 말로써 넉 달 전 유명을 달리한 해녀 박말애의 죽음에 대한 안타까운 마음을 부산문인들에게 전달하지 않을 수 없었다.

내가 기장문인협회 회장직을 맡아 있던 2015년, 언니가 사고를 당했다는 연락을 받고 기장병원 영안실로 달려갔다. 일찍 큰아들을 바다에서 잃고 또 딸을 잃은 말애의 늙은 어머니는 내 절을 받고도 넋이 나간 듯 무표정하고, 침통한 가족들과 연신 눈물을 찍는 말애를 위로할 말이 없었다.

"언니는 내보다 열 배는 물질을 잘했어요. 그런데… 흑흑…."

기장 일광 해수담수처리장이 있는 강계마을 부근 앞바다에서 물질을 하다 변을 당했다는 것이다.

이 변을 당하고 나서 그녀는 글에 더 관심을 가지고 매달리는 듯했다. 60중반이 되도록 시집도 가지 않고 물과 싸우면서 연로한 홀어머니를 애지중지 모시는 억척스러운 삶을 살아왔다.

그녀의 수필은 오랜 해녀생활의 물질을 통해 부닥치며, 삶과 죽음의 갈림길에서 얻은 내면의 아픔과 애환을 진실하고 질박한 언어로 표현해 놓은 창작으로 아무나 쓸 수 없는 해양문학의 진수라 할 것이다.

그녀의 학력은 초등학교가 마지막이다. 그런데도 그가 구사하는 언어는 어느 문사의 언어에 비겨도 차원이 떨어지지 않는다. 오랜 기간 부단하게 독서를 하고 연찬을 해온 덕분일 것이다. 가난하고 고된 삶 속에서도 문학에 대한 집념은 매우 강하여 모자라는 나에게도 자주 물어오고 바쁜 가운데도 기장문인협회 회원으로서의 의무와 책임을 다하고 많은 애착을 가졌었다.

사고 일주일 전에 식사를 하자는 전화가 왔다. 기장 추어탕 집에서 식사를 마치고 가까운 커피숍에서 많은 이야기를 나누었다. 낙상으로 골절을 당한 노모를 백병원에 모셔 수술을 하고 오랜 기간 간병을 하다가 엊그제 퇴원을 시켜드렸다며, 그간의 고생과 가족들 이야기를 들려주고 해양문학상에 대한 집념을 토로하였다.

작년 5월경 10편의 해양시를 보아 달라 해서 약간의 평을 적어 보내고 '시작 노트'를 적어 참고하라고 보냈는데, 등단의 관문을 거쳐 『문학도시』 10월호에 「무인도」 등 5편의 작품과 수상소감이 실려 있었다.

"생사를 넘나드는 이 모질고도 처절한 삶의 중심에서 내 사유의 바탕은 거칠고 무겁지만, 이 또한 나의 분신이기에 버릴 수가 없습니다…."라고.

그런데 졸지에 유명을 달리하니 망연자실이란 말이 여기에 적당할 것 같다. 지금도 그녀의 큰 눈망울과 허스키한 목소리가 들리는 것 같다.

기장병원 영안실에서 박정애 회장 주재로 그녀의 영생 복락을 비는 추모제를 올렸다. 나도 몇 자 적어간 추모사를 읽고 작년에 등단한 그녀의 시 한 편을 읽고 아쉬운 작별을 고했다.

"수필로 바다의 교감을 노래한 해송(내가 지어준 아호 : 海松)이 작년에는 문학도시를 등단하였습니다. 주옥같은 필체로 수필의 세계를 맴돌면서 이제 시의 지평을 여는 당찬 기개를 보였습니다. 그러나 어쩌랴, 유명을 달리하니 그의 시들이 참으로 아깝고 소중하게 여겨집니다. 시의 문을 두드리면서 나에게 보내온 10편의 시를 일별하면서 그대의 등단을 예감했습니다.

해송의 시 「해녀의 바다」를 낭송해 드립니다. 가는 길 평안하소서.

해녀의 바다

동쪽에 자리한 삼해의 바다
눈부신 태양 영롱한 꽃으로 피어나
수려한 산줄기 휘돌아 온 물길

해녀는 바다를 헤쳐간다

서슬퍼런 바다의 등뼈
가슴으로 쟁이고 우 우 삭여낸 숨비소리
그리움의 속울음 곡예의 자맥질로
널을 뛰듯 물살 타는 해녀

먼 전설의 사연 불러 보아
바람의 갈기 위에 차려진 보물
전복 해삼 소라 돌미역…

꼭꼭 숨겨둔 열두 폭 옥빛 치맛자락
휘휘 휘감아 물든 해녀
파란 바다가 되었네

– 박말애「해녀의 바다」 전문

요산(樂山) 김정한(金廷漢) 선생님

–문학탐방 · 1

요산 김정한(1908–1996)

꺾은 붓을 세우다 『모래톱 이야기』

요산 선생님을 처음 접하게 된 것은 필자가 첫 교사의 발을 내디딘 1966년이다. 마침 그해 10월, 20여 년의 절필을 거두고 요산 선생께서 단편소설 『모래톱 이야기』를 발표하여 세간에 큰 화재가 되었던 것이다.

이 작품은 작가가 약 20년간의 침묵을 깨고 문단에 복귀하면서 발표한 것이다. 출세작 「사하촌(寺下村)」(1936) 이래 견지하여온 일관된 현실 인식을 보여줌으로써 문단의 주목을 받기도 하였다. –『민족백과 대사전』

이 작품 『모래톱 이야기』는 자전적이면서 현실에 바탕을 두고 상상력을 가미하여 이렇게 시작한다.

이십 년이 넘도록 내처 붓을 꺾어 오던 내가 새삼 이런 글을 끼적거리게 된 건 별안간 무슨 기발한 생각이 떠올라서가 아니다. 오랫동안 교원 노릇을 해오던 탓으로 우연히 알게 된 한 소년과 그의 젊은 홀어머니, 할아버지 그리고 그들이 살아오던 낙동강 하류의 어떤 외진 모래톱 … 이들에 관한 기막힌 사연들조차, 마치 지나가는 남의 땅 이야기나, 아득한 옛날이야기처럼 세상에서 버려져 있는 데 대해서까지는 차마 묵묵할 도리가 없었기 때문이다. (하략) – 『모래톱이야기』 서두

지난 2017년 11월 30일, 을숙도 조각공원 부근에 「모래톱 이야기」에 나오는 '조마이 섬'인 을숙도를 알리기 위한 사하구청이 주관하는 표지석 제막식이 있었다. '조마이 섬'을 작품 속에서는 이렇게 표현하고 있다.

섬의 생김새가 길쭉한 주머니 같다 해서 조마이 섬이라 불려 온다는 건우의 고장에는, 보리가 거의 자랄 대로 자라 있었다. 강바람이 불어올 때마다 푸른 물결이 제법 넘실거리곤 했다.

이 작품을 접하면서 권력에 착취당하는 이른바 농투성이들의 애환과 이런 구조적 모순에 대한 요산의 예리한 현실 인식과 저항 정신을 알게 되었다.

필자와의 만남

국어에 대한 공부를 더해 나가다가 초등학교 근무 10년째 되는 해인 1975년에 동아대학교 국어국문학과 3학년에 편입하였다. 여기서 1974년 부산대학교를 정년퇴임한 요산 선생님의 소설 창작론 강의를 듣는 행운을 얻었다.

항상 맨 앞자리에 앉아서 선생님의 일거수일투족을 놓치지 않고

열심히 경청하였다. 내 옆에는 정미자라는 여학생이 같이 앉는 날이 많았다. 어느 작품 분석 시간에 작중 인물을 평하는 장면에서 요산 선생 왈, 우리 두 사람을 가리키면서 "작중의 이 두 연놈이…." 하는 바람에 강의실에 폭소가 터지고, 부끄럼보다 실감이 더욱 가중되어 그 수업이 얼마나 재미가 있었던지 모른다.

정년퇴임을 한 해에 출간된 『김정한 소설선집』을 부교재로 삼고 부산대학에서 강의해 오던 강의 노트를 중심으로 소설 창작 강의를 하셨는데, 아직도 정정한 목소리로 열띤 강의를 해 주셨다. 나 또한 재미있게 열심히 경청하였다.

그해 여름방학에는 한국문인협회에서 펴고 삼성출판사에서 1974년에 발간한 『한국단편문학대계』 20권을 독파하는 기염(?)을 토하기도 했다. 요산 선생님의 소설에 심취하여 소설을 써 보겠다는 일념으로 그러하였다. 이 전집에 실린 소설가 185명, 488편의 단편소설을 40여 일 동안 읽고 나니 제목과 작가와 작품 또 인물들이 뒤죽박죽되어 혼란을 일으키는 웃지 못할 일도 생겼다. 그만큼 소설에 심취해 있었다. 정비석 선생의 문고판 소설작법을 여러 차례 읽은 것도 그 이후였다.

졸업 논문으로 「요산 김정한론」을 쓰면서 요산 선생님의 작품세계에 더욱 깊이 들어갈 수 있었다. 이것을 보완하여 한국어문학회 연구 논문집 창간호에 같은 제목으로 실었다. 내친김에 부산대학교 교육대학원에서 김중하 선생의 지도로 『염상섭 소설에 나타난 사회의식의 변용』으로 석사학위를 받고, 이어 동아대학원에서 박사학위를 준비하면서 요산 선생님의 강의를 통해 다시 가까이서 모시게 되었다. 수년이 지나 최상윤 선생의 지도로 『채만식 소설의 인접 장르 수용 양상』으로 박사학위를 받았다. 그 사이 「김정한 소설 문체연구」(1986)와 「채만식 연구」(1992)에서 요산과 채만식의 속담 사용에 대한 비교 연구 등을 발표하였으나, 석사와 박사를 요산 문학으로 하여 더 깊이 파고들었다면 하는 생각도 해 보지만 이미 지나간 일이다.

내 고향 남해와 요산 문학, 「회나뭇골 사람들」

『김정한 소설선집』의 작품 중 「회나뭇골 사람들」은 나에게 깊은 감동을 주었다. 그 배경이 내가 어린 시절 싫도록 뛰어놀던 길이고 외갓집 가는 길목의 마을이었기 때문이다. 물론 창작 속에서 상상한 지역 설정이었겠지만, 구멍이 펑 뚫린 큰 회나무가 버티고 선 회나뭇길을 따라 자갈이 깔린 골목길을 하루에도 몇 번이나 뛰어다녔던 곳이었다. 미조와 서면으로 갈라져 나가는 삼거리에 효자문이 있고 그 뒤로 자갈이 깔린 골목길의 회나무는 어린아이 키 높이의 단을 쌓은 중앙에 있었는데, 군청 뜰과 남해농고 들어가는 길 왼쪽편의 회나무, 유림동의 회나무들 등 읍내에 있는 회나무들 중 가장 오래되고 둥치가 큰 것이었다. 언제나 새끼줄이나 색색의 천들이 허리에 감겨 나풀거리고 있었다. 밤이 되면 이곳을 지나지 않고 한길로 둘러 간 기억도 새록새록 난다.

그 부근에 술집이 몇 군데 있었고, 회나무 바로 아래, 가지가 처져 초가지붕을 덮고 있는 그 집 대문에는 사시사철 잎이 달린 긴 대나무가 오색 천을 감고 있었다. 마을을 관통하여 맑은 개울물이 흘렀는데 어머니들이 이곳에서 빨래를 하는 모습이 지금도 선연하다. 이러한 배경들을 연관시키면서 이 소설을 읽으니 공감이 더욱 가중 되었다.

> S읍에서 대티쪽으로 빠지는 한길을 향해 선 효자문(孝子門) 뒤로 접어들면, 몇 발짝 못 가서 자갈투성이인 골목 가에 커다란 회나무 한 그루가 서 있다. 그래서 이 골목짜기를 회나무 골목이라 하고, 그 일대를 회나뭇골이라 부른다. 옛날식으로 부를 때는 그저 '서문밖'이다.
>
> -「회나뭇골 사람들」 서두

어머니나 할머니가 말하는 대로 '섬밖에 간다.' 하고 '남밖에 간다.'고 하면 알아들었는데, 지나서 보니 '서문 밖', '남문 밖'이라는 것을 알았다.

내가 살던 곳이 서변동이었는데 성벽의 흔적이 남은 길을 따라 뭉치(동네 선배)집을 지나서 100m쯤 내려오면 집회소가 있고 작은 개울을 건너면 오른쪽으로 늙은 회나무가 서 있었다. 바람이 심하게 분 뒤 대나무가 서 있는 무당집 초가지붕에 큰 나무둥치가 얹혔는데 한동안 걷어내지 못하고 있었다. 함부로 당산나무를 건드릴 수 없었기 때문이었으리라.

「요산 김정한 선생 탄생 100주년 기념 제11회 요산문학제」 별책으로 나온 『2008 요산문학 기행』에 보면 남해 농고 들어가는 왼편 골목의 당산나무를 지목하여, 2003년 '제6회 요산문학제' 행사 때 세웠다는 요산문학 표지목이 있는데, 작품 중의 '효자문'이란 단어에서 이곳이 잘못 설정된 곳임을 알 수 있겠다. 당시 군수와 지방유지들이 참석했다 하나, 작품을 읽어보지 않고 무관심하여 지적하지 못했거나, 늙은 이 회나무가 잘려 나간 뒤여서 그리했는지는 모르지만 위치 선정은 다시 고려해 볼 일이다. 대티란 이른바 남해말로 깎곡(가파른 고개)을 말하는데 이곳을 지나 금산과 미조로 가게 된다. 효자문은 대티로 가고 서면으로 가는 갈림길 모퉁이에 있다. 효자문은 지금도 잘 보존되어 있으며 그 앞쪽으로 주인집이 있었다. 이 집을 천금새 집이라고 불렀고 선친의 친구인 김재동 선생이 살았다. 표지목을 세운다면 효자문에서 골목길을 따라 삼거리 왼쪽 모퉁이가 될 것이다.

문학비 제막「요산 김정한 문학비」

1978년 11월 4일. 요산 선생님의 고희를 맞아 당시 부산일보 사장이었던 권오현 씨가 기념회 추진위원장이 되어 이 비를 세우게 되었다. 성지곡 수원지 수문 위쪽 언덕에 아담한 자리에 문학비가 좌정해 있다.

이날 나의 일기장에 적어 두었던 것을 수필집『개타령 또 개타령』에 실어 두었다.

> (전략) 기념사업 경과보고 뒤 구연식 박사의 선생님에 대한 약력 소개와 문집『요산문학과 인간』증정에 이어 부산시장, 부산대 동아대 총장, 교육감 제 씨와 함께 하는 제막식이 있었다. (중략) 고동주 씨 글씨로 선생님의 소설『산거족』의 '사람답게 살아가라. 비록 고통스러울지라도, 불의에 타협한다거나 굴복해서는 아니 된다. 그것은 사람이 갈 길이 아니다.'라고 새겨진 소설『산거족』의 비문이 조촐하다. 주인공 '황거칠'씨는 요산 선생의 분신이 아니겠는가! (후략)

권오현 추진위원장은 '요산 선생의 인간됨이 결곡하고, 후학에게 주는 가르침이 컸으며…, 문화의 불모지 부산에 문화의 꽃을 피울 기폭제가 될 것'임을 강조하였다.

요산 선생은 식의 말미에 다음과 같이 말씀하셨다.

> … 아마 부산문인들 중에 마침 고희도 맞고 가장 늙은 축에 들고 곧 저승으로 갈 사람이라고 생각하고 이런 짓을 하는 모양들인데 참 얼떨떨합니다. 다리도 아프고 나오지 않을라 했는데 회장이 와서 기어코 가자기에 나오긴 했습니다. 그야말로 부끄러울 뿐입니다. (중략) 칠십 평생 무엇 하나 해 놓은 것이 없습니다. 가정에서는 좋은 가장 구실을 하지 못하고 고생만 시켰고 또 글줄이나 쓴다고 이제껏 마음에 차는 것을 하나도 써내지 못했으니 그저 부끄러울 뿐입니다.

개막식 며칠 전 댁을 찾았을 때, 여쭈었더니 내외분이 두 신지 세 신지 주고받더니 두 시라고 하는 것으로 보아, 이러한 비를 세우는 것을 무척 쑥스럽게 여기는 것 같았다.

요산의 문학 정신

요산 선생의 작품은 이른바 출세작인 「사하촌」에서 나타난 사회비판적인 작품들이 일관성 있게 발전하고 있다 하겠다. 요산이 불러 오는 인물들은 하나같이 시대에 뒤처지고 천대받으며 이른바 무지렁이처럼 살아가는 가난하고 무지한 사람들이다. 그들의 아픔을 공감하면서 그들이 당하고 있는 현실을 고발하고 권력과 구조적 모순에 항거하는 저항 의지를 보이고 있다. 이것은 인간을 사랑하는 인간애의 발로다.

이러한 정신은 요산의 산문에서도 잘 드러난다.

나는 위대한 발견이라도 한 듯이 기뻤다. 그날부터 나는 간수의 눈을 속여 가며 곧잘 딱딱한 벽을 긁었고, 겨우 알아볼 만한 약간 불그레한 글씨로 다른 감방에 든 친구에게 연락 쪽지를 쓸 수도 있었고, 때로는 입고 있던 차입 옷 안쪽에 시조 같은 것도 적었다.

우르르 떠나는 압송차 뒤를 따라
미친 듯 달리다 넘어지던 아내 모습
가을밤 깊어 갈수록 더욱 생각나구나

비에 젖은 압송차 창밖에 붙어 서서
다시는 날 못 볼 듯 그렇게 흐느끼던 애들
이 밤은 너희들에게 얼마나 추운고

아마 이런 쑥스러운 것들로써 시작된 것이 아닌가 생각된다. 줄잡아서 5, 6십 수는 넘어 적었으리라고 짐작되는데, 내가 옥에서 풀려 나갔을 때는 한 수도 남아 있지 않았다. 찾을 길도 없다. 영영!

사연을 아내에게 말하고 나무랐더니, 자기도 무척 원통하게 여기면서 자기대로 내가 그립고 염려되어 내 살냄새라도 맡고 싶어, 두고두고 꺼내 보고 얼굴에도 대보고 했더랬는데, 다시 차입할 옷이 없어 그만 빨아버렸노라고 울상을 지었다. 「찾을 길 없는 옥중 시」 중에서

자전 에세이집인 『洛東江의 파수꾼』 앞표지에 특별히 뽑아 놓은 글귀다. 차가운 영어의 옥 속에서도 가족을 생각하는 따스한 마음이 비치고 있으며 이 외에도 많은 시조를 지었음을 알 수 있다. 여기 두 수의 시조도 시적인 서정이 잘 간추려져 있어 유실된 것이 몹시 아쉽다.

가까이 만나보면 구수하고 소탈한 이웃집 아저씨, 할아버지다. 동신초등학교 부근의 단독주택에 사시다가 그 아래 옛날 형무소 자리에 신축한 삼성아파트로 이사를 하였는데, 다음해(1976년) 내 결혼의 주례도 흔쾌히 해주시어 큰 영광이었다. '성실히 살아라.' 하신 주례 말씀이 지금도 쟁쟁하다. 그 속에 선생님의 실천적 인생철학이 담겨 있어 소개한다.

(전략) 그래도 났던 보람이 있게 살기 위해서는 남이 생각하는 것 이상의 피눈물 나는 노력을 해야 될 줄 압니다. 오늘 이 자리에 들어오면서 느낀 것은, 이렇게 비가 오니까… 두 분 결혼을 축하하는 사람이 이렇게 많을 줄을 몰랐어. '아마 같은 직장의 몇 사람 정도가 아닐까.' 이렇게 생각했는데, 이 우중에도 불구하고 앉을 자리가 모자라서 서 계시는 사람이 많을 정도로 하객이 많다는 것은, 그저 반갑다기보다는 신랑 신부에게는 정말 황송한 일이여… 뭣 때문에 이 비를 맞으면서 왔겠는가? 이것은 단순한 축하라고 생각하기보다는 두 분의 장래에 큰 기대를 건 하객들이라 생각이 듭니다. 부디 남다른 각오와 남다른 노력을 쌓아서, 훌륭한 교사로서 훌륭한 문화인으로서 이 나라와 이 겨레에 좋은 공적을 남기는, 그런 아름다운 부부가 되어서 일생을 깨끗하게 아름답게 마치시기를 바랍니다. 이상!

선생님의 뜻에는 미치지 못하지만 그동안 이 말씀을 늘 되새기면서 살려고 노력했던 것 같다. 선생님의 톤 굵은 건강한 목소리가 다시 듣고 싶다

선생님께서 남해초등학교에 계실 때 내 부친께서 학생으로 선생님을 기억하고 있었다. 선친께서도 문학에 심취하여 많은 글을 남

겼는데 요산 선생의 등단 시절이므로 여기에 영향을 받았을 것으로 생각한다. 또 우리 두 남매의 어린 시절 주치의로 대연동의 소아과를 찾았는데 우연히 배종삼 소아과에 가게 되었다. 요산 선생의 막내 따님 은숙 씨의 부군이었다. 배 원장은 개인 병원을 접고 '오순절 평화의 마을' 주치의로 환자를 돌보고 봉사를 하는 등 독실한 신앙생활을 하고 있다. 배 원장이 일본 공부를 마치고 어린 두 아들을 데리고 귀국할 때 요산 선생님과 함께 부산역에 마중을 나갔는데 일본 말밖에 못하던 어린 손자들과 정감 있게 이야기를 나누던 선생님의 자상한 모습이 지금도 눈에 선하다.

사모님 분금(分今) 여사는 내 외할머니와 나이가 같고 외모나 말씀이 닮아서 더욱 정이 갔다. 항상 자상하게 대하시고 말씀을 낮추지 않아 '그러지 마시고 손주 보듯이 낮추시라.'고 해도 그것이 편한 모양으로 한결같이 공대하여 늘 송구스러웠다. 일곱 자매를 키우면서 고생한 이야기는 눈물겨운 바가 있었다. 선생님은 뻔질나게 감옥으로 또는 피신하는 신세가 되니 본역(부산역)에 나가서 김밥을 팔던 이야기도 예사롭지가 않았다. 이런 내조 위에 선생님의 문학이 빛을 발하였다고 나는 지금도 그렇게 생각하고 있다.

선생님의 건강과 영세 '요셉'

선생님께서는 62세가 되는 1969년 협심증으로 12일간 입원한 적이 있었다. 그 이후 즐기던 술을 자제하시고 가끔 부산대학병원에서 진료를 받곤 하셨는데, 우리의 강의가 끝나면 동대신동의 초가집으로 우리를 이끌고 가서 함께 약주를 나누시기도 했다. 이해웅 시인에게는 요즈음의 시를 탓하면서 좀 힘 있는 시를 써 보라고 권하시기도 했다. 그런 중에도 '나는 아흔까지는 살끼다.'라고 농 비슷하게 말씀하셨는데, 만년에 아미동 대학병원 입원 중 침대에서 낙상하지만 않으셨어도 너끈히 아흔은 사셨을 것이다. 여든아홉으로 일 년 모자라는 아흔 삶을 사셨으니 아쉬움이 컸다.

선생님의 소설 정신을 잇는 많은 제자들이 있는데 흰샘 이규정 선생도 그중 한 분이다. 요산 선생님께서는 종교에 있어 비교적 비판적으로 어느 곳에도 집착하지 않았다. 사모님은 원불교를 믿는 것으로 아는데 요산 선생님은 종교에 있어서만은 왠지 떨떠름했다. 1936년 「사하촌」에서 이미 그러한 정신이 많이 드러났다. 흰샘 선생께서는 오랜 기간 요산 선생님과 가까이하면서 좋은 표양을 보이고 전교를 하시어 요산께서 요셉이라는 세례명으로 영세를 받도록 하였다. 이것이 1992년 85세 때였다. 송기인 신부께서 집전하신 걸로 알고 있다. 그 뒤에 영세를 축하하면서 '제 아버님도 요셉으로 영세 받았다.'고 하니 좋아하셨다. 누구도 믿을 수 없다고 하시면서 영세의 변을 말씀해 주셨다.

영세를 하신 후에 부산가톨릭문인협회의 회원으로 등록하시고 1998년 선종하실 때까지 회원으로서 우리와 함께했다.

선종 후 매년 다른 선종 회원들과 함께 추모 미사를 드리고 있으니 선생님을 다시 뵈는 듯 반갑다. 부디 이 세상 고통을 잊고 천국복락을 영원히 누리시기를 빈다.

요산문학상 제정과 요산문학제

요산 문학상은 1984년 10월 제정하여 12월 제1회 수상자로 하근

찬 소설가가 선정된 이후, 2017년 제34회 수상자로 기자 출신 조선희 작가에 돌아가기까지 한 해도 거르지 않고 요산 김정한 선생의 문학 정신에 합당한 작가를 선정하여 시상하여 왔다.

요산문학제는 1998년 10월 제1회 요산문학제가 개최되었다. 그 취지와 문학세계를 다음과 같이 밝히고 있다.(제9회 요산문학제 자료)

요산문학제의 취지

한국의 대표적 문인이며 부산의 정신적 지주 가운데 한 분인 소설가 요산 김정한 선생을 기념하고 그의 문학을 기리며, 이를 통해 시민 정신을 고양하기 위해 요산문학제를 개최한다. 요산 선생의 문학이 그러했듯이 이 제전은 문학과 문화가 시민의 구체적 삶의 양식이라는 데 기초하여 시민적 삶의 현실에 바탕을 둔다. 따라서 시민 잔치로 기획되며 궁극적으로 민족 잔치를 지향하고 있다.

요산의 문학 세계

요산 김정한 선생은 리얼리즘을 창작방법으로 견지한 작가다. 우리 문학사에서 리얼리즘이 시대와 사회에 대한 저항과 변혁의 목소리를 담고 있음은 두루 아는 사실이다. 여기에서 나아가 선생의 리얼리즘은 한결같이 인간주의를 바탕에 깔고 있다. 따라서 생경한 이념적 주장보다 구체적 삶의 반영이 뚜렷하다. 인간해방이야말로 요산 문학의 근본적 지향이라고 할 수 있다.

요산 김정한 생가 복원과 요산문학관 개관

생가 복원 잔치는 2003년 6월 14일 오후 2시 현장에서 이루어졌다. 당시 식에 참석하여 찍어둔 사진을 올린다.

요산 김정한 생가 복원 잔치 테이프 절단 (2003. 6. 14. 16시)
(좌) 구중서, 최해군, 오거돈, 송기인, 이규정, 최상윤, 송기숙, 김중하, 신태범

요산 김정한 선생의 자녀들과 김중하 선생 (앞줄 왼쪽 두 번째)
사위 배종삼 선생 (뒷줄 왼쪽 끝)

문학관 개관은 2006년 11월 22일 생가 옆 문학관 건물에서 이루어졌다. 2008년 10월 요산 탄생 100주년을 기념하여 요산문학관 뜰에 '樂山 金廷漢 先生' 흉상을 세웠다.

요산 생가 옆에 세워진 요산문학관과 요산 김정한 흉상

요산 김정한 선생 연보

- 1908년 음력 9월 26일 경남 동래군 북면 출생
- 1936년 1월 「사하촌」(조선일보 신춘문예 당선) 「옥심이」 발표
- 1937년 「항진기」 발표
- 1938년 「기로」 「그러한 남편」 발표
- 1940년 「낙일홍」 「추산당과 곁사람들」 「월광한」 발표. 교원직 그만두고 동아일보 동래지국을 맡다. 붓을 꺾음
- 1956년 11월 첫 창작집 『낙일홍』 출간, 부산일보 논설 칼럼 다수 발표
- 1959년 제3회 부산시 문화상(문학상) 수상
- 1966년 「모래톱 이야기」로 다시 문단에 복귀함. 「한국의 센티멘탈리티」 「고시조에 반영된 농민」 등 발표
- 1969년 「제3병동」 「수라도」 「뒷기미 나루」 발표. 중편 「수라도」로 제6회 한국문학상 수상, 부산대학교 부교수 정교수, 협심증으로 12일간 입원(62세)
- 1970년 「지옥변」 「인간단지」 「어둠 속에서」 등 발표
- 1971년 「사밧재」 「산서동 이야기」 발표. 6월 눌원문화상, 11월 제3회 문화예술상 수상. 12월 창작집 『인간단지』 간행
- 1973년 「회나무골 사람들」 발표. 2월 문고판 『수라도·인간단지』 간행
- 1974년 2월 부산대학교에서 정년 퇴임. 10월 『김정한소설선집』 간행
- 1975년 「어떤 유서」 「위치」 등 발표. 2월 문고판 『수라도』 간행.
- 1977년 「오키나와에서 온 편지」 발표. 장편소설 『삼별초』 발표
  10월 문고판 『사밧재』, 『인간단지』 간행
- 1978년 수상집 『낙동강의 파수꾼』 간행. 11월 요산김정한문학비 제막식(성지곡 어린이 대공원)
- 1984년 10월 요산문학상 제정. 12월 －제1회시상식(하근찬 수상)
- 1992년 폐기종으로 부산대학병원에 입원. 6월 영세 받음(세례명 요셉)
- 1994년 제8회 심산상(心山賞)수상. 8월 범어사 순환도로 김정한 문학비 세움
- 1996년 11월 28일 오후 3시30분 타계하다. 사회장, 신불상공원묘원 안장
- 1998년 10월 제1회 요산문학제가 개최되다.
- 2003년 6월 부산광역시금정구 남산동 666-1번지에 생가(生家)를 복원하다.
- 2006년 11월 생가 옆에 요산문학관을 개관하다.
- 2008년 10월 탄생 100주년 기념, 요산문학관 뜰에 흉상(樂山金廷漢先生像)을 세우다.

10.17~26. 제11회 요산문학제 주제 「요산문학100년, 21세기 생명과 평화를 찾아서」
(부산가톨릭문인협회 30주년 기념 추모 원고)

고산(孤山) 윤선도(尹善道)를 찾아서

－문학탐방・2

고산과 이선(李選)

고산 윤선도(1587, 선조 20년 ~ 1671, 현종 12년)는 조선 중기의 문신이며 문인이다. 이 시기는 조선 전기 200년의 이른바 태평성대를 지내고 양란(임진왜란, 병자호란)의 와중에 극도로 어지러운 시기였다. 고산의 삶은 격심한 당파의 와류를 온몸으로 겪으며 산 한평생이었다.

고산 윤선도는 송강 정철(1536-1593)과 더불어 국문학사상 조선시대를 대표하는 두 개의 큰 봉우리로 정평이 나 있다. 고산은 시조로, 송강은 가사로써 그러하다. 이 두 분의 흔적을 이곳 기장에서 만날 수 있다는 데에 나는 현기증을 느낄 정도로 깜짝 놀랐다.

송강의 3대 가사(사미인곡, 속미인곡, 관동별곡)를 송강가사의 이선본(李選本)을 교재로 삼아 배우고 가르치기도 했는데, 바로 그 이선(李選 1632-1692) 공이 4년 동안 귀양을 살고 돌아가신 곳이 또한 이곳 기장이다. 정관에서 곰내터널을 지나 곧 오른쪽 지방도로 빠지면 철마면 웅천리 길가에 있는 수리정(愁離亭)비에서 그를 만나게 된다.

철마면 웅천리의 수리정(愁離亭)과 안내 현판

이 두 분에 대해서 살펴보면 큰 공부가 되리라는 생각을 하게 되었다. 먼저 고산 선생에 대해서 몇 차례에 걸쳐 살펴보고자 한다.

고산과 기장

필자가 고전문학 강의를 통해 일찍이 고산 선생을 접했지만, 정년퇴임을 한 이듬해 기장으로 이주한 2009년 뒤에야 비로소 기장이 그의 일생 중 중요한 6년을 지냈다는 것에 관심을 갖게 되었다.

기장 군지에 고산을 자세히 다루고 있으나, 실상 그의 유적에 대한 관리나 고증이 다른 유배문학지에 비해 다소 소루하다는 느낌을 받았다.

예를 들자면 남해에서 3년 귀양을 살다가 그곳에서 숨진 서포에 대한 관리는 군의 핵심적 관리 체제로 운영하고 있어 수많은 연구자들과 관광객이 끊임없이 찾는 중요한 관광자원으로 만들어 놓았다. 유배문학관이나 귀양지인 노도의 유배지 복원, 구운몽의 배경인 용문사를 비롯한 용소 석교 등의 지명 고증 등도 활발하거니와 서포문학상을 제정하여 그의 문학적 위상을 현재에 재구하는데 큰 성과를 거두고 있다.

고산의 유배지라고 추정 되는 곳이 기장 죽성리의 두흐(豆湖)마을이

황학대－아침 일출(공태도)

최근 국수당에서 내려다본 황학대

다.(기장군지 452쪽) 이 마을 고산의 흔적이 남아 있는 '황학대 솔숲에서 보는 일출은 더없이 아름다움을 간직하고 있다.'고 했다. 또 마을 이름에서 유추되듯이. 축성천을 따라 흘러온 맑은 물이 몸을 풀어 '콩 모양의 둥그런 호수'(두호)처럼 죽성항을 만드는 바로 끝자락에 황학대가 짙은 솔숲을 이루고 있으며 연이어 큰섬, 큰거무섬, 작은거무섬, 마당바위 등 암초가 아름답게 펼쳐진 흔적이 지금도 선연하다. 이곳이 고산의 적소였다면 아름다운 자연경관을 상찬하는 글이 한 편이라도 있을 터인데 고산유고에 이것이 보이지 않음은 그 연유를 알 수가 없다. 근자에 와서 동쪽 기슭에 황학정을 누처럼 높직이 만들어 두고 황학대의 유래를 적은 현판이 있지만,

황학대 부근의 바다를 매립하여, 바다를 이은 풍치는 사라지고

어구나 배들이 주변을 어지럽게 하고 있다. 주말에 주변을 살펴보니 대 위 솔숲 사이에 4개의 텐트를 친 젊은이들이 야영을 하고 있고 황학대 주위는 무질서하게 댄 차량들이 어지러웠다.

황학정과 황학대 동쪽

기장군지(2005년 刊) 공태도 선생께서 남긴 황학대 사진이 먼 전설처럼 느껴진 것은 나만의 생각일까?

주변이 어지러운 황학대

동생을 배웅하며 지은 한시는 일광 해변에 삼성대 표지석과 두 수의 한시가 해석과 함께 돌에 새겨져 있으나, 주변의 을씨년스런 환경은 이름난 한 문인의 유적지라고는 하기에 소홀한 느낌이다. 주변의 3~4미터 높이의 수백 평 언덕도 황두지같이 버려져 있다. 적어도 국문학을 하거나 문학을 하는 사람들에게 있어서 고산 윤선도는 반드시 거쳐 가야 할 통과의례쯤 된다. 해남과 보길도를 찾듯이 이곳 기장의 윤선도 유적을 찾는 순례길의 개발과 기념관의 설립 등을 통한 문화컨텐츠의 구상이 아쉽다.

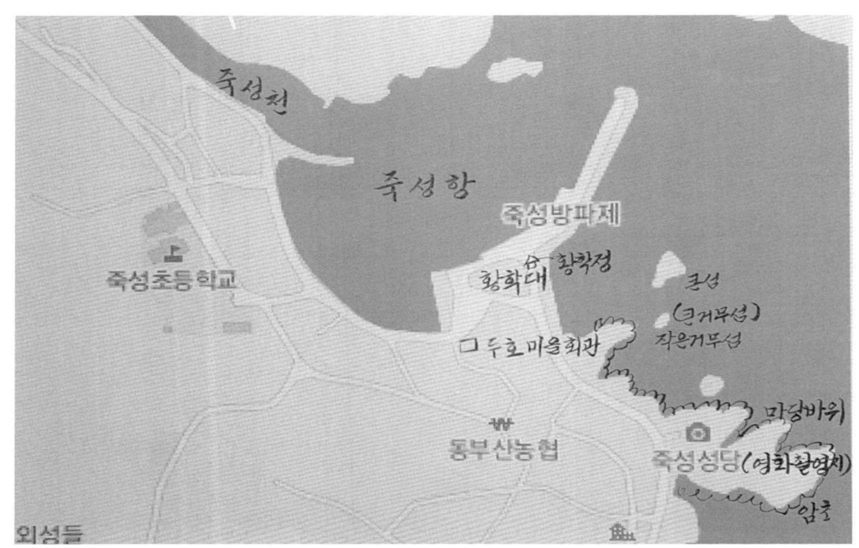

황학대가 있는 두호마을 주변 약도

일광해수욕장 남쪽편 삼성대와 시비

일광 바다 쪽에서 본 삼성대

삼성대 기념비 뒤에 새겨진 기장유배 연보 기록

- 1618년(戊午) 光海君 10年 先生 32歲 冬 咸鏡道 慶源에서 慶尙道 機張縣으로 移配

- 1619年(己未) 光海君 11年 先生 33歲 在機張 子 禮美 出生·五月 父親 觀察公 別世
- 1620年(庚申) 光海君 12年 先生 34歲 在機張
- 1621年(辛酉) 光海君 13年 先生 35歲 在機張 八月 父親 服闋 八月二十五日 三聖臺에서 贈別小弟二首作詩
- 1622年(壬戌) 光海君 14年 先生 36歲 在機張
- 1623年(癸亥) 光海君 15年(仁祖元年)先生 37歲 三月 解配

고산과 보길도

작년 말과 올 초에 걸쳐 3차례 고산의 유적지인 해남과 보길도를 다녀왔다. 그곳의 유적 관리는 80~90년대에 보았던 상황과는 완전히 면목을 일신했다.

녹우당으로 가는 길 좌우로 펼쳐 있던 목화밭은 이미 사라지고 녹우당은 일반 방문객은 출입이 되지 않는 대신 잘 조성된 유물관이 많은 자료를 보유하고 전시되어 있어 고산의 이해에 큰 도움이 되었다. 보길도의 세연정에도 훌륭한 기념관이 우리를 맞았다.

1986년 3박 4일 한국어문학회 호남여행 때는 땅끝[土末] 기념탑에 의지하여 보길도의 그림자만 보고 왔는데, 1990년 중반에는 세연정을 비롯한 우암의 이른바 '글씐바위' 등을 보고 왔다. 그 이후 1999년 12월 말일 20세기를 보내고 새로운 밀리니엄을 맞겠다는 일념으로 아내와 하루를 보길도에서 묵어 온 것이 보길도 고산의 진면목을 여유 있게 볼 기회였다.

완도의 화흥포에서 승용차로 페리선을 타는 첫 시도였는데 마침 배 안에서 배의 사무장을 만나 이야기를 나누다가 그가 안내해 준 보길도 '섬마을 식당'을 찾게 되었다. 마침 바깥주인이 입구에 있어 하루 묵어가겠다고 하고 사무장 이야기를 했더니, '짐을 내리지 말고 곧장 가세요. 곧 일몰이 되니 빨리 가야 합니다.'라고 친절하게 일러 주었다. 한겨울이라 해가 짧지만 아직도 상당히 남아 있었다. 차에서 내리니 언덕 위로 솟구치는 바람이 몹시 세차고 매워서 잠시를 서 있을 수 없어 차로 들락거리면서 기다리다 아름다운 일몰을 보게 되었다. 당시의 나의 감회를 시조 그릇에 담아 보았다.

식당으로 와서 하루의 피로를 풀 겸 회와 따끈한 매운탕에 소주를 곁들였는데, 내가 고산 선생에 대해 관심을 가지고 질문을 하니 바깥주인이 자세히 설명을 해주며 반긴다. 자리를 같이하여 소주잔을 나누고 명함을 주고받아 보니, '김시욱 고산 윤선도 보존위원회 위원장' 이라고 적혀 있다. 좀 전 고산에 대한 설명을 자세하게 한 사유를 알게 되었다. 식사가 끝나고 잘 방으로 짐을 옮기자, 3층 자기 방으로 안내한다. 보로 잘 싸둔 병풍을 열어젖힌다. 높이가 여섯 자에 20폭의 보기 드문 병풍이다. 아주 아끼는가 본데, 고산의 「어부사시사」 40수가 한 폭에 두 수씩 20폭에 적혀 있었다. 몇 구절을 고산 윤선도 선생의 보존위원장으로서 유감없이 설명을 잘 해 주었다. 약간의 해석에 오류는 있었으나 나름대로 고산에 대한 이해 수준이 높았다.

"내일 아침은 일찍 일어나서 동쪽의 몽돌해안으로 가서 일출을 보면 대단히 좋겠네요. 오는 길에 우암 송시열의 '글씐바위'도 보고 오세요."라고 귀띔한다.

그리곤 거의 20년 만에 보길도 탐방을 단 석 달 사이에 세 번을 다녀오는 진기록을 세웠다.

2016. 11. 3. ~ 4.의 탐방은 목포・홍도・해남・보길도・완도로 돌아오는 긴 여정이었는데, 아내 외 두 사람의 자매 교우와 내 차로 다녀오는 여정으로 두 번째 탐방을 위한 사전 답사의 성격이 있었다.

꼭 일주일 뒤, 11. 10 ~ 11.의 두 번째 나들이는 고등학교 동기 열 명의 부부가 다녀왔는데 불편함이 없도록 내가 전 여정의 계획을 세웠던 것이다. 장흥 해남 땅끝 노화도 보길도에서 목포 남원을 둘러오는 긴 여정이었다. 부인들을 위한 나들이로 일 년에 한두 번 하는 여행이라 신경이 많이 쓰였다.

2017. 2. 8. ~ 2. 11. 세 번째 탐방은 내 차와 박하 선생의 차로 부산교육대학교 고전반 이문회원 9명의 나들이였다. 이처럼 고산 선생과 보길도 해남에 대한 인연은 나와는 상당히 깊다는 것이다.

고산의 첫 유배

6년간이나 귀양살이를 했던 기장에 남아 있는 그의 흔적은 크게 각광을 받지 못하고 단지 역사적 유물로 남아 있다. 앞에서 예를 든 서포 김만중의 행적은 오늘날에도 살아 더욱 그 진면목을 드러내는데 이곳에서만은 고산은 과거의 역사적 사실로만 머물러 다는 데에 필자는 여러 가지 의문이 생긴다. 그 이유가 무엇일까?

이곳에서 남긴 그의 글이 소루해서일까? 그렇다면 그 사유는 무엇일까? 그 원인은 여러 방면에서 밝혀졌지만 3년을 귀양 산 서포는 왜 그렇게 널리 알려지게 되었을까? 여러 가지 의문이 아직도 풀리지 않는다. 앞으로의 연구문제로 삼아야 할 것 같다.

고산의 등용은 매우 늦은 편이다. 1616년 30세에 쓴 문제의 「丙辰疏」를 보면 당시의 최고 실권자인 이이첨 등의 전횡을 비판하는 글 중 과거시험과 관련하여 상당히 강한 어조로 탄핵하고 있다. 이제 사마시에 오르고, 성균관 유생이 되어 앞으로 창창한 전도를 준비하는 시기에 이이첨 일파의 전횡을 가까이서 보면서 강직한 성품이 이를 건너지 못하고 병진소를 올렸으니 그로 인해 8년간이라는 긴 귀양생활을 벼슬길에 오르자마자 당하는 꼴이 되었다. 이것을 시작으로 다섯 번에(두 번은 移配) 걸친 16년간의 귀양과 20년의 은둔생활을 하게 되어, 생애 85년의 절반을 귀양과 은둔으로 보낸 셈이 된다.

병진소로 인해 그의 양아버지 윤유기 공이 관찰사의 관직박탈을 당하는 지경에 이르고, 고산이 함경도 경원에서 기장으로 이배 당한 이듬해, 66세의 나이로 세상을 떠나니 죄인으로 복을 입을 수 없었으므로 자식의 도리를 못한 자책감이 얼마나 컸겠는가. 5월 임종도 못하고 11월이 되어서야 기장 적소에서 보낸 「祭顯考文」의 간절함은 폐부를 찌른다. 그 글 속에는 경원 적소로 보낸 아버지의 시가 자기를 지탱해 주고 위로해 주었다는 고백을 하고 있다. 그 시는 이러하다.

> 궁벽한 이곳 하릴없이 흐르는 눈물
> 하늘 저쪽 너한테 소식 자주 못 보내는구나
> 귀양살이 너 한 몸 질병 없기 바랄 뿐
> 애비사 호미 메고 밭 간들 무슨 흠이되랴.
>
> –『기장군지』 596

'신이 비록 용감하게 결단을 내리기는 했으나…, 그로 하여 늙은 애비에게는 벌이 내리지 않게 해 달라.'는 청원에서 이미 이 병진소가 어떤 결과를 가져올 것인지 잘 알고 있었음을 알 수 있다. 상을 당하고도 참례치 못하니, 충을 위해 효를 버리는 결과를 가져온 것이다.

병진소를 자세히 보면 임금을 가르치겠다는 투다.

> 성상께서는 깊은 궁궐에서 지내기 때문에 그가(이이첨) 이토록 권세를 휘두르고 있다는 것을 모르고 계십니다. (중략) 만일 어질다고 여겨서 의심을 하지 않는다면 신은 비록 어리석으나 분별을 해 드리겠습니다. …

과거시험의 시제까지 유출하여 자기들의 수족들을 등용시켜 세를 확장하는 이이첨 무리의 미움을 살 것은 불문가지다. 게다가 임금 광해의 미움으로까지 증폭되었다. 이천 리 길 경원으로 갔다가 일 년 뒤에는 다시 삼천 리 길 기장으로 이주를 하였으니, 귀양의 가장 혹독한 삼천 리 귀양과 함께 8년간의 혹심한 고통을 당한 것이다. 만약 1623년의 인조반정이 없었다면 그 8년이 몇 년이 되었을지 모를 일이다.

유배 8년 중 1년 동안 있었던 경원에서 한시 43수와 시조 5수가 지어졌다는데, 6년 동안 기장에서의 한시는 고작 20편이며 시조는 없으니 『고산유고』의 정리에서 빠졌는지 그 연유를 알 수 없다. 굳이 그 이유를 든다면 기장으로 오자 곧 부친상을 당함으로써 삼년상을 치르는 동안 글을 소홀히 하였음을 유추할 뿐이다.

아버지의 3년 상을 치른 35세 때 서제(庶弟) 선양이 기장까지 와서 납전해배(納錢解配)를 권유하지만 단호하게 거절하고 한잔 술을 나눈 뒤 그길로 동생을 돌려보낸다. '돈을 내고 유배를 푼다.'는 뜻으로 오늘날 보석금(保釋金)과 같으나, 이것은 서울의 고관들이 부정을 하는 통로로 쓰였으니 이미 일의 성사유무를 가지고 온 동생이었지만 강하게 거절하는 것이다.

이제 유배생활 6년 차 어려운 유배생활에 진저리가 날 때이고 해배의 기약이 없을 뿐만 아니라, 새파란 청춘이 어찌 야망과 야심 찬 일들이 없었으랴. 서울 양반네들이 돈을 받고 귀양을 풀어주는 이 부조리에 그는 마음이 변하기 전에 아쉬운 이별이지만 서둘러 동생을 돌려보낸다.

'헤어짐에 오직 눈물만이 아롱진다.'고 했으니 그 애절한 심사가 충분히 가슴에 와 닿는다. 그 시는 이러하다.

혹 새로운 길이 있다 해도 가로막는 산 또한 얼마나 많으랴 (苦命新阡隔幾山)
세파를 따르자니 낯 뜨거움이 이는 것을 어찌할까 (隨波其奈赧生顔)
헤어짐에 임해 오직 눈물만이 어지러이 흘러 (臨分惟有千行漏)
네 옷자락에 흩어져 점점이 아롱지는구나 (灑爾衣裾點點斑)
내 말은 날래고 너의 말은 더디니 (我馬騑騑汝馬漏)
이 행차를 어찌 차마 뒤따르지 않을 수 있으리 (此行那忍勿追隨)
무정한 건 짧은 가을 해 (無情最是秋天日)
이별할 사람을 위해 잠시도 머물러 주지 않네 (不爲離人駐少時)
떠나는 아우에게 주다(贈別小弟二首)

죽성에서 달려와 일광, 이 바닷가에서 형제는 눈물의 한 잔 술로써 기약 없는 이별을 한 것이다.

고산의 첫 시조 견회요, 5수가 경원에서 쓰였다고 하는데 4번째 수는 그 간절함이 가슴에 사무친다.

뫼는 길고길고 물은 멀고멀고
어버이 그린 뜻은 많고많고 하고하고
어디서 외기러기는 울고울고 가나니
–「견회요」 4번째 수

기장군지에는 기장에서 썼다고 되어 있으나, 그 진위는 앞으로의 연구과제로 남겨둔다.

이것은 구운몽이 남해 적소 노도에 지어졌다는 설을 깨고 근자에 와서 경원에서 쓰였다고 하여 논란이 있는 것과 다르지 않다. 앞으로 밝혀야 할 사항이다.

차제에 조선조 50여 명의 귀양 인물들이 남긴 문학적인 자료들을 고산을 필두로 이선, 권적 등과 함께 현대의 문인 시인들도 아우르는 '유배문학관'을 만든다면 어떨까?

가시는 길 밝으소서

지난 2월 16일, 조정임 마리아 어머니께서는 94세를 일기로 긴 세월 이 세상 짐을 부려놓고 천국으로 가셨다.

천주교 석계묘원 양지바른 곳에 32년 전 아버지 요셉을 안장하고 그 곁에 어머니의 자리가 비어 있었다. 아버님은 45년간 2세 교육에 혼신의 힘을 쏟으시고 또 일곱 자녀를 모두 성가시키고 13명의 손주를 보신 뒤에 67세의 아까운 나이로 선종(善終)하셨다.

호월(湖月) 정인구(鄭仁求) 요셉 아버지는 32년간 외로웠던 묘역에서 이제 어머니를 맞게 되셨다. 어머니의 유언대로 2월 17일, 아버님의 유해를 화장하고 모셔 와서 어머니 빈소 곁에 올리니, 어머니 가셔도 일 처리에 제대로 울지 못한 나는 빈소에 두 손을 올리고 비로소 눈물을 터뜨렸다.

어머님의 가시는 길과 아버님과 만나게 되는 그 시간이 나에게는 얼마나 큰 산으로 남아 있었는지 모른다. 두 분을 한자리 부부실에 봉안하게 되니 슬픔과 기쁨이 함께 어우러져서 서럽고 기쁜 눈물이 이때처럼 절실한 때가 있었던가.

어머니 가시는 길 닦으며, 막내 여동생이 야무지게 보살피고, 서울서 목포서 대구서 양산서 그리고 부산의 모든 형제자매들이 어머니의 가시는 길을 기도로써 바치고 내 아내 글라라도 어머니 영생을 위한 오랜 기도와 뒷수발로 정성을 다했으니, 어머니 가시는 길이 평안하고 복되리라 믿는다. 형제자매들 내외 모두가 생전에 어머니를 뵈옵고, 14명의 손주들이 가시는 길을 함께하니 그 기쁨이 비로소 일어난다. 주님 저희 아버지 어머니께 부디 천국 복락의 은총을 내리소서. 아멘

당신의 노래

어머니 가신 지금 당신만이 남았소
어머니 가시는 길 당신 수고 많았소
기도로 보내시는 길 멀기도 했구려

당신 부디 건강하소 어머니처럼 긴긴 세월
사십여 년 살아온 길 애면 걸면 부대껴도
용케도 잘 참아왔구려 두 손 꼬옥 잡아봐요

어머니 고운 얼굴 가시는 길 노자삼아
온몸의 살이라곤 한 줌도 남기지 않고
가볍게 육신의 고해 모두 떨치고 가시었소

어머니 가시는 길 당신이 바친 기도
하느님 우리 어머니 천국으로 가시는 길
아흔넷 이승의 고통 어루만져 주소서

이제는 당신뿐 누구에게 의지하리
두 손 꼬옥 잡아보며 하느님께 빌었소
내 아내 착한 마음을 하느님은 아시리라

마지막 가시는 길 가쁜 숨도 쉬지 않고
소진한 육신의 고통 안개처럼 사라졌소
생전에 남기신 말씀 아버지와 함께하여

삼십이 년 지켜온 아버지 곁 빈자리에
외로이 홀로 묻혀 긴긴 세월 기다렸구려
가벼운 영혼이 만나 천국에서 함께 사소서

일곱 자녀 곱게 길러 새 가정들 꾸려주고
사십 유년 제자 길러 이 나라의 동량 만들고
모든 일 마무리하고서 천국으로 가신 아버지

그 곁에 가시는 세월 이렇게 길었습니다.
일곱 손가락 어느 하나 안 아픈 곳 없는 세월 하나같이 건사하며 돌보아온 그 긴 세월 외로움 많고 많은 밤 이제 모두 이겨내고 아픈 몸도 모두 넘어 맑디맑은 영혼으로 님 찾아가시는 길 고운 꽃밭에 훤히 뚫린 꽃길이구려
어머니 부디 잘 가소서 아버지와 만나소서

(2021. 3. 1. 삼일절)

일상의 자유를 그리며

2021년 5월 10일 초판 인쇄
2021년 5월 15일 초판 발행

지은이 / 정경수
발행인 / 강병욱

발행처 / 도서출판 교음사
편집 / 隨筆文學社 出版部

03147 서울 종로구 삼일대로 457 수운회관 1308호
Tel (02) 737-7081, 739-7879(Fax)
e-mail : gyoeum@daum.net

등록 / 제300-000052호

* 잘못된 책은 교환해 드립니다. 값 12,000원

ISBN 978-89-7814-821-4 03810